SZTUKA KRAKIERÓW I WAFLI

Opanowanie rzemiosła wytwarzania chrupiących krakersów

Emil Głowacki

Prawa autorskie ©2023

Wszelkie prawa zastrzeżone

Żadna część tej książki nie może być wykorzystywana ani rozpowszechniana w jakiejkolwiek formie i w jakikolwiek sposób bez odpowiedniej pisemnej zgody wydawcy i właściciela praw autorskich, z wyjątkiem krótkich cytatów użytych w recenzji. Niniejsza książka nie powinna być traktowana jako substytut porady lekarskiej, prawnej lub innej porady zawodowej.

SPIS TREŚCI

SPIS TREŚCI **4**
WSTĘP **7**
KRAKERSY **8**
   1. Krakersy maślane 9
   2. Krakersy owsiane 11
   3. Świąteczne krakersy 13
   4. Słone krakersy 16
   5. Petardy 19
   6. Krakersy Ritz 21
   7. Ogniste krakersy Za'atar 24
   8. Klasyczne krakersy miodowe 26
   9. Domowe krakersy ostrygowe 29
  10. Domowe krakersy Wszystko 32
  11. Krakersy Curry 34
  12. Krakersy Koperkowe 36
  13. Krakersy szałwiowe 38
  14. Krakersy wieloziarniste z siemienia lnianego 41
  15. Krakersy warzywno-ziołowe 43
  16. Krakersy z kminkiem i cayenne 46
  17. Krakersy z solą morską i rozmarynem 49
  18. Zimowe krakersy z dynią i ziołami 51
  19. Krakersy lniane z czosnkiem i ziołami 54
  20. Krakersy z serem francusko-tymiankowym 56
  21. Krakersy z serem pleśniowym i krakersami pszennymi 59
  22. Krakersy Cheddar 61
  23. Krakersy Fondue z serem szwajcarskim 63
  24. Kowbojskie krakersy 65
  25. Pikantne krakersy z serem pomidorowym 68
  26. Krakersy z serem Sriracha 70
  27. Azjatyckie krakersy z twarogiem 73
  28. Krakersy żytnie kminkowe 75
  29. Krakersy z kopru włoskiego i cebuli 78
  30. Super krakersy z nasionami 81
  31. Krakersy z kaszy gryczanej i nasion lnu 83
  32. Krakersy z nasionami słonecznika 85

33. Chrupiące krakersy z pestkami dyni 87
34. Serca konopi i krakersy z mieszanymi nasionami 89
35. Krakersy do kawy 91
36. Krakersy z przyprawami Chai 93
37. Krakersy Matcha 95
38. Krakersy Mokka 97
39. Krakersy z kaszy gryczanej i rozmarynu 100
40. Chrupiące krakersy ryżowe 103
41. Krakersy z dzikiego ryżu 105
42. Krakersy Falafel 107
43. Japońskie krakersy ryżowe Senbei 110
44. Krakersy kukurydziane i czarnego pieprzu 113
45. Krakersy cytrynowe 115
46. Krakersy z suszonych owoców i orzechów 117
47. Krakersy owocowe żurawinowo-pomarańczowe 120
48. Krakersy z figami i orzechami włoskimi 122
49. Krakersy z owocami mango i kokosem 124
50. Krakersy z jabłkiem Cheddar 126

WAFLE 128

51. Walentynkowe ciasteczka waflowe z cukrem 129
52. Wafle z brązowego cukru 132
53. Meksykańskie batoniki waflowe z cukrem 134
54. Wafle cukrowe oblane białą czekoladą 138
55. Wafelek nadziewany pomarańczą 141
56. Kolorowe kremowe wafle 144
57. Wafle z kremem ajerkoniakowym 147
58. Wafle z kremem walentynkowym 150
59. Ciasteczka Waflowe z Kremem Kokosowym 153
60. Polskie Ciasto Waflowe 156
61. Wafle z Kruchym Kremem Orzechowym 159
62. Warstwowe wafle bałkańskie 163
63. Ciasto Czekoladowe Z Roladkami Waflowymi 167
64. Ciasto Waflowe ze Słodkimi Kanalikami 171
65. Glazurowany tort waflowy z kremowym nadzieniem 175
66. Ciasto Waflowe Kakaowo-Kawowe 179
67. Sernik Waflowy Czekoladowy 182
68. Wafle z mrożonego jogurtu truskawkowego 186
69. Wafle kawowo-lodowe 190
70. Kanapka Lodowa Waflowa Czekoladowa 194

71. Kanapki lodowe z rabarbarową niespodzianką 197
72. Wafle z koronką migdałową 201
73. Wafle brandy 203
74. Roladki waflowe z orzechową czekoladą i pralinami 205
75. Hiszpańskie Bułki Waflowe (Neula) 208
76. Wafle parmezanowe 210
77. Wafle z serem węgierskim 212
78. Wafle Cheddar 214
79. Wafle z nasion sezamu 216
80. Wafle z szałwią i serem Cheddar 218
81. Wafle Ciasteczka Cynamonowo-Bandy 220
82. Wafle z mieszanymi nasionami 222
83. Morawskie wafle z przyprawami 224
84. Tuiles migdałowy 227
85. Tuiles bez jajek 230
86. Koronkowe tuiles kawowe 233
87. Miodowe Tuiles 236
88. Roladki Tuile'a 238
89. Tuiles z kory brzozowej 241
90. Anyż Tuiles 244
91. Truskawkowe Tuiles 247
92. Imbirowe Wafle Migdałowe 249
93. Wafle z masłem orzechowym 251
94. Wafle pistacjowe 253
95. Wafle Orzechowe 255
96. Wafle Migdałowo-Rumowe 257
97. Czekoladowe Wafle Waflowe 259
98. Dziennik wafla czekoladowego 261
99. Wafle czekoladowo-miętowe z posypką 264
100. Czekoladowe Wafle Orzechowe 267

WNIOSEK 270

WSTĘP

Witamy w książce Sztuka krakersów i wafli: Opanowanie rzemiosła wytwarzania chrupiących krakersów. W świecie przekąsek jest coś wyjątkowo satysfakcjonującego w doskonale upieczonym, chrupiącym krakersie lub waflu. Te chrupiące przysmaki występują w wielu smakach, kształtach i teksturach, co czyni je wszechstronnym płótnem dla kreatywnej ekspresji kulinarnej.

Ta książka kucharska jest Twoim przewodnikiem po opanowaniu sztuki przygotowywania tych pysznych smakołyków w domu. Niezależnie od tego, czy jesteś doświadczonym piekarzem, czy nowicjuszem w kuchni, jesteśmy tutaj, aby zabrać Cię w pełną smaku podróż po świecie krakersów i wafli. W miarę odkrywania technik, składników i różnorodnych przepisów odkryjesz, że tworzenie krakersów i wafli to nie tylko zabawa, ale także możliwość dostosowania smaków do własnych preferencji.

Naszą misją jest umożliwienie Ci wykorzystania kunsztu wytwarzania krakersów, eksperymentowania z różnymi składnikami i ostatecznie podniesienia poziomu doznań związanych z przekąskami. Zatem rozgrzejcie piekarniki i rozwałkujcie ciasto, bo zaraz wyruszamy w pyszną przygodę w świecie chrupiących pyszności.

KRAKERSY

1. Krakersy maślane

Na: około 96 krakersów

SKŁADNIKI:
- 2 szklanki mąki
- 1 łyżeczka proszku do pieczenia
- ⅔ szklanki wody
- 1 łyżka cukru
- ½ łyżeczki soli
- ⅓ szklanki plus 2 łyżki masła

INSTRUKCJE:
a) W misce wymieszaj mąkę, cukier, proszek do pieczenia i sól.
b) Dodaj wodę i ⅓ szklanki masła do mąki, aż powstanie gładkie ciasto.
c) Ciasto podzielić na dwie równe części i przykryć je. Odstaw ciasto na 10 minut.
d) Rozgrzej piekarnik do 400 stopni Fahrenheita (200 stopni Celsjusza).
e) Połóż połowę ciasta na blasze do pieczenia o wymiarach 17 x 14 cali i rozwałkuj je na prostokąt o wymiarach 16 x 12 cali.
f) Całe ciasto nakłuj widelcem, a następnie pokrój na 2-calowe kwadraty.
g) Posmaruj kwadraty 1 łyżką roztopionego masła.
h) Piec w nagrzanym piekarniku przez około 8 minut lub do momentu, aż krakersy ładnie się zarumienią.
i) Wyjmij krakersy z blachy do pieczenia i połóż je na drucianej kratce, aby ostygły.
j) Powtórz ten sam proces z pozostałym ciastem.
k) Po ostygnięciu przechowuj domowe krakersy maślane w hermetycznym pojemniku.

2.Krakersy owsiane

Ilość: Około 1 porcji

SKŁADNIKI:
- 1 ½ szklanki płatków owsianych
- 1 szklanka mąki
- ½ szklanki kiełków pszenicy
- ½ łyżeczki soli
- ⅓ szklanki oleju
- ⅔ szklanki wody

INSTRUKCJE:
a) Rozpocznij od rozgrzania piekarnika do 163°C.
b) W misce wymieszaj płatki owsiane, mąkę, kiełki pszenicy i sól. Dobrze wymieszaj suche składniki.
c) W osobnej misce wymieszaj olej i wodę.
d) Stopniowo dodawaj mokre składniki do suchych, cały czas mieszając, aż wszystko się dobrze połączy. Powinieneś mieć zwarte ciasto.
e) Na natłuszczonej blasze rozwałkuj ciasto na grubość około ⅛ cala.
f) Za pomocą noża lub narzędzia do wycinania nakrój ciasto w pożądane kształty.
g) Piec w nagrzanym piekarniku przez 25 do 30 minut lub do momentu, aż krakersy staną się złotobrązowe.
h) Po upieczeniu wyjmij krakersy owsiane z piekarnika i pozostaw je do ostygnięcia.
i) Te krakersy owsiane to zdrowa i wszechstronna przekąska, którą można spożywać samodzielnie lub z różnymi dodatkami i smarowidłami. Ciesz się ich zdrowym smakiem i chrupiącą konsystencją!

3. Świąteczne krakersy

Ilość na: około 45 porcji

SKŁADNIKI:
- ½ szklanki roztopionego masła lub margaryny
- ½ szklanki miodu
- ⅓ szklanki jasnobrązowego cukru, zapakowane
- 2 duże jajka
- 2 ½ szklanki mąki pełnoziarnistej
- 1 ½ szklanki mąki uniwersalnej
- 1 ½ łyżeczki proszku do pieczenia
- ½ łyżeczki soli
- 3 łyżki cukru

INSTRUKCJE:
a) W dużej misce użyj drucianej trzepaczki lub widelca, aby ubić stopioną margarynę lub masło, miód, brązowy cukier i jajka, aż mieszanina będzie dobrze wymieszana.
b) Dodajemy mąkę pełnoziarnistą i pszenną oraz wszystkie pozostałe składniki oprócz cukru. Mieszaj, aż ciasto się połączy. Powinieneś mieć gładkie ciasto.
c) Ciasto podzielić na 3 kulki jednakowej wielkości. Owiń 2 kulki folią i przechowuj je w lodówce, aż będziesz gotowy do użycia.
d) Rozgrzej piekarnik do 175°C (350°F).
e) Na dużej blasze z ciasteczkami oprószonej mąką użyj wałka posypanego mąką, aby rozwałkować pozostałą kulkę ciasta na prostokąt nieco większy niż 15 x 13 cali.
f) Przytnij boki, aby utworzyć prostokąt o wymiarach 15 x 12 cali. Tępą krawędzią noża natnij prostokąt wzdłuż na 3 paski, a następnie każdy pasek natnij w poprzek na 5 prostokątów.
g) Udekoruj środek każdego prostokąta, wciskając w ciasto ulubioną świąteczną foremkę do ciastek, uważając, aby nie przeciąć jej do końca. Możesz użyć tej samej foremki do ciastek do wszystkich prostokątów lub wybrać inne, aby ozdobić je według własnego uznania.
h) Posyp prostokąty 1 łyżką cukru.
i) Piec w nagrzanym piekarniku przez 8 do 10 minut lub do momentu, aż krawędzie zaczną się rumienić.
j) Pozostaw ciasteczka na blasze na metalowej kratce do ostygnięcia na 2 minuty, a następnie przenieś je na kratkę, aby całkowicie ostygły.

k) Powtórz tę samą procedurę z pozostałym ciastem i cukrem.
l) Gdy ciasteczka ostygną, podziel każdy duży prostokąt na 15 mniejszych prostokątów wzdłuż naciętych linii.
m) Te świąteczne krakersy to świąteczna uczta idealna na okres świąteczny. Ciesz się ich słodką, dekoracyjną i lekko chrupiącą dobrocią!

4. Słone krakersy

SKŁADNIKI:

- 1 ½ szklanki mąki tortowej
- 6 łyżek wody
- 2 łyżki miękkiego masła
- 2 łyżki oleju roślinnego
- 2 łyżeczki drożdży instant
- 1 łyżeczka cukru
- ¼ łyżeczki sody oczyszczonej
- ¼ łyżeczki kremu z kamienia nazębnego
- ½ do 1 łyżeczki soli morskiej lub soli ziołowej do posypania

INSTRUKCJE:

a) Rozpocznij od połączenia mąki, drożdży, sody oczyszczonej, kamienia nazębnego i cukru w średniej wielkości misce. Wymieszaj te suche składniki razem.

b) W małym rondlu delikatnie podgrzej masło, olej i wodę, aż masło się rozpuści. Pozwól mu ostygnąć do około 120 stopni Fahrenheita lub do momentu, aż będzie gorący, ale nie pali się w dotyku.

c) W suchych składnikach, które wcześniej wymieszałeś, utwórz dołek i wlej mieszaninę roztopionego masła. Użyj miksera elektrycznego, ubijaj składniki na średnim, a następnie wysokim poziomie, aż masło całkowicie się wchłonie i zacznie tworzyć się ciasto.

d) Zagniataj ciasto rękami, tworząc kulę. Jeśli jest zbyt klejące, stopniowo dodawaj trochę więcej mąki. I odwrotnie, jeśli jest zbyt suche, dodawaj pojedynczo niewielką ilość wody. Celem jest uzyskanie miękkiej, gładkiej kulki ciasta.

e) Miskę lekko natłuść, przykryj folią i odstaw ciasto do lodówki na co najmniej 12 godzin, ale możesz wydłużyć ten czas do 18 godzin.

f) Kiedy będziesz gotowy do dalszych działań, wyjmij miskę z lodówki i poczekaj, aż ciasto osiągnie temperaturę pokojową, co zwykle zajmuje około 15 minut.

g) Rozgrzej piekarnik do 400 stopni Fahrenheita i wyłóż duże blachy do pieczenia papierem pergaminowym lub natłuść je.

h) Wyjmij ciasto z miski i ugniataj je przez kilka minut, aż stanie się gładkie i gliniaste.

i) Ciasto podzielić na cztery równe części i każdą rozwałkować pojedynczo. Jeśli masz wałek do makaronu, użyj go, aby ciasto było jak najcieńsze; zapewnia to lepszy, bardziej chrupiący krakers.

j) Używając kółka do pizzy lub noża do makaronu, wytnij kwadraty o wymiarach 2 x 2 cale. Ułóż te kwadraty na blasze do pieczenia, tak aby przylegały blisko siebie, ponieważ skurczą się podczas pieczenia. Powtórz ten proces z pozostałym ciastem.

k) Każdy krakers przekłuj widelcem, tworząc klasyczne perforacje typu „Saltines". Lekko posmaruj każdy krakers odrobiną wody, a następnie posyp solą lub solą ziołową.

l) Piecz przez 8–10 minut, sprawdzając po 8 minutach, czy nie przyrumieniły się zbytnio, chyba że wolisz wyjątkowo chrupiące krakersy.

m) Wyjmij krakersy z piekarnika i pozostaw je do ostygnięcia na blasze.

n) Przechowuj domowe Saltines w szczelnym pojemniku nawet przez tydzień – choć ze względu na ich pyszny smak oparcie się pokusie zjedzenia ich wszystkich może być wyzwaniem!

5. Petardy

Ilość na: około 24 porcji

SKŁADNIKI:
- 1 funt niesolonych krakersów solonych (4 rękawy)
- 1 szklanka oleju rzepakowego
- 1 (1 uncja) opakowanie mieszanki dressingu ranczo
- 2 łyżki pokruszonych płatków czerwonej papryki
- ½ łyżeczki czosnku w proszku

INSTRUKCJE:
a) Wyłóż niesolone krakersy solone na ich końcach w hermetycznym pojemniku, jak kostki domina.
b) W małej misce wymieszaj olej rzepakowy, mieszankę dressingu ranczo, pokruszone płatki czerwonej papryki i proszek czosnkowy. Mieszaj, aż wszystkie składniki zostaną dobrze wymieszane.
c) Kontynuuj mieszanie mieszaniny, aby zapobiec osiadaniu pokruszonych płatków czerwonej papryki na dnie miski.
d) Rozłóż mieszaninę równomiernie na krakersach, podobnie jak lukier na torcie.
e) Zamknij szczelnie pokrywkę pojemnika i odwracaj go co 5 minut przez około 20 minut. Możesz także lekko potrząsnąć pojemnikiem w tę i z powrotem, aby upewnić się, że wszystkie krakersy są nim pokryte.
f) Po 20 minutach przechowuj petardy w torbie strunowej. Jeśli wytrzymają tak długo, wytrzymają około tygodnia!
g) Te krakersy to pikantna i aromatyczna przekąska, która może dodać specjalnego akcentu Twoim przyjęciom, zgromadzeniom lub każdej okazji, w której chcesz trochę urozmaicić!
h) Ciesz się ognistą dobrocią.

6. Krakersy Ritz

SKŁADNIKI:
- 2 szklanki mąki uniwersalnej (255 g)
- 3 łyżeczki proszku do pieczenia (14 g)
- 1 łyżka cukru (14 g)
- 1 łyżeczka soli koszernej (podzielona)
- 8 łyżek zimnego masła (podzielone)
- 2 łyżki oleju roślinnego (1 uncja)
- ⅓ szklanki wody
- 1 jajko (opcjonalnie do posmarowania jajka)

INSTRUKCJE:

a) Rozgrzej piekarnik do 400°F i wyłóż blachy do pieczenia papierem pergaminowym.

b) W robocie kuchennym wymieszaj 2 szklanki mąki uniwersalnej, 3 łyżeczki proszku do pieczenia, 1 łyżkę cukru i ½ łyżeczki soli koszernej. Krótko pulsuj, aby połączyć.

c) Stopniowo dodawaj 6 łyżek zimnego masła małymi porcjami do robota kuchennego, gdy jest on uruchomiony. Kontynuuj pulsowanie, aż mieszanina będzie przypominać grube okruchy. Powoli wlewaj olej roślinny, gdy procesor nadal pracuje.

d) Gdy robot kuchenny pracuje, dodawaj po trochu wodę, aż ciasto zacznie się łączyć w kulę. Uważaj, aby nie dodać całej ⅓ szklanki wody na raz; możesz nie potrzebować tego wszystkiego.

e) Na posypanej mąką powierzchni rozwałkuj ciasto tak cienko, jak to możliwe, za pomocą wałka do ciasta. Jeśli ciasto się klei, w razie potrzeby podsyp więcej mąki.

f) Za pomocą noża pokrój ciasto w pożądane kształty i umieść wycięcia na wyłożonej pergaminem blasze do pieczenia. Kontynuuj wałkowanie i krojenie, aż do wykorzystania całego ciasta.

g) Za pomocą stempla do ravioli lub podobnego narzędzia wykonaj dziurki w każdym krakersie. Wzór z 2, 3 i 2 otworami działa dobrze.

h) Posmaruj wycięcia krakersów roztrzepanym jajkiem (opcjonalnie) i posyp solą koszerną.

i) Piec krakersy w nagrzanym piekarniku przez 10 minut na środkowej półce.

j) Gdy krakersy są jeszcze gorące, rozpuść pozostałe 2 łyżki masła i posmaruj nim świeżo upieczone krakersy.

k) Pozwól, aby domowe krakersy Ritz ostygły, a następnie ciesz się pyszną domową przekąską!

7. Ogniste krakersy Za'atar

SKŁADNIKI:
- ½ szklanki oliwy z oliwek z pierwszego tłoczenia
- ½ szklanki oleju roślinnego
- ¼ szklanki zataru
- 1 łyżeczka czosnku w proszku
- Świeżo zmielony czarny pieprz
- 8 uncji solonych krakersów (około 2 rękawów)

INSTRUKCJE:
a) W dużej, zamykanej plastikowej torbie wymieszaj ½ szklanki oliwy z oliwek z pierwszego tłoczenia, ½ szklanki oleju roślinnego, ¼ szklanki zataru, 1 łyżeczkę czosnku w proszku i kilka ziaren świeżo zmielonego czarnego pieprzu.
b) Masuj torebkę, aby dokładnie wymieszać składniki.
c) Dodaj 8 uncji słonych krakersów (około 2 rękawy) do torby, a następnie zamknij ją.
d) Delikatnie potrząśnij torebką, aby pokryły krakersy aromatyczną mieszanką.
e) Pozostaw torebkę w temperaturze pokojowej na 8 do 12 godzin, aby krakersy wchłonęły smaki.
f) Rozgrzej piekarnik do 250°F.
g) Rozłóż marynowane krakersy w jednej warstwie na obrzeżonej blasze do pieczenia.
h) Piecz krakersy w nagrzanym piekarniku, aż staną się złociste i chrupiące, co zwykle zajmuje od 13 do 17 minut.
i) Po upieczeniu wyjmij krakersy z piekarnika i poczekaj, aż ostygną.

8.Klasyczne krakersy miodowe

Robi: Około 24

SKŁADNIKI:
- 1-½ szklanki (240 g) mąki chlebowej Artisan
- ¼ łyżeczki mielonego cynamonu
- ¾ szklanki (170 g) niesolonego masła o temperaturze pokojowej
- ½ szklanki (110 g) brązowego cukru
- ½ łyżeczki drobnej soli morskiej
- 2 łyżki miodu
- Turbinado lub cukier nierafinowany do posypania

INSTRUKCJE:
a) W małej misce wymieszaj 1-½ szklanki mąki chlebowej Artisan i ¼ łyżeczki mielonego cynamonu. Odłóż tę mieszaninę na bok.
b) 2. W misie miksera wyposażonego w przystawkę do łopatek umieść ¾ szklanki niesolonego masła, ½ szklanki brązowego cukru, ½ łyżeczki drobnej soli morskiej i 2 łyżki miodu.
c) Mieszaj te składniki, aż zostaną całkowicie połączone.
d) Dodaj mieszaninę mąki cynamonowej do miski i mieszaj, aż ciasto zacznie się formować.
e) Przenieść ciasto z miksera na powierzchnię roboczą.
f) Delikatnie zagnieć ciasto w kulę, uważając, aby go nie przemęczyć.
g) Ciasto uformuj w dysk, zawiń w szczelną folię i włóż do lodówki na minimum 30 minut.
h) Rozgrzej piekarnik do 175°C (350°F).
i) Dwie blachy z ciasteczkami wyłóż papierem pergaminowym.
j) Na lekko posypanej mąką powierzchni roboczej rozwałkuj schłodzone ciasto na grubość ¼ cala.
k) Pokrój ciasto na prostokąty o wymiarach 3 x 2 cale (lub dowolny kształt, który wolisz).
l) Wykrojone ciasteczka przekładamy na przygotowane blachy.
m) Za pomocą widelca nakłuj powierzchnię każdego ciasteczka.
n) Posyp ciasteczka cukrem turbinado.
o) Piec ciasteczka w nagrzanym piekarniku przez 8-10 minut lub do momentu, aż będą suche i wydzielają przyjemny zapach.
p) Wyjmij ciasteczka z piekarnika i pozwól im całkowicie ostygnąć.

q) Przechowuj domowe, klasyczne krakersy graham z miodem w szczelnym pojemniku w temperaturze pokojowej przez maksymalnie tydzień.

9.Domowe krakersy ostrygowe

Ilość: 2 filiżanki

SKŁADNIKI:
- 5 uncji (1 szklanka) mąki uniwersalnej i więcej do wałkowania
- 1 łyżeczka soli koszernej
- 1 łyżeczka cukru
- 1 łyżeczka proszku do pieczenia
- 2 łyżki zimnego, niesolonego masła, pokrojonego w ¼-calową kostkę
- ⅓ szklanki zimnej wody plus dodatkowa ilość w razie potrzeby

INSTRUKCJE:
a) Ustaw półkę piekarnika w środkowej pozycji i rozgrzej piekarnik do 190°C.
b) W średniej misce wymieszaj 1 filiżankę mąki uniwersalnej, 1 łyżeczkę soli koszernej, 1 łyżeczkę cukru i 1 łyżeczkę proszku do pieczenia. Wymieszaj te suche składniki razem, aż dobrze się połączą.
c) Do suchej mieszanki dodaj 2 łyżki zimnego, niesolonego masła. Za pomocą noża do ciasta lub palców wcieraj masło w mąkę, aż ciasto będzie przypominało gruboziarnisty posiłek.
d) Dolać ⅓ szklanki zimnej wody i lekko ugniatać, aż masa połączy się w kulę ciasta.
e) Ciasto wyłożyć na blat posypany mąką i przykryć odwróconą miską do mieszania. Pozwól mu odpocząć przez 15 minut.
f) Wyrośnięte ciasto rozwałkować na posypanej mąką powierzchni na grubość ⅛ cala.
g) Za pomocą noża lub krajarki pokrój ciasto na kwadraty, prostokąty lub romby o średnicy ½ cala. Przenieś wycięte kształty na wyłożoną pergaminem blachę do pieczenia, zachowując jak największe odstępy.
h) Piec krakersy w nagrzanym piekarniku, aż nabiorą koloru na dolnych krawędziach, co zajmuje około 15 minut.
i) Wyłącz piekarnik i uchyl drzwiczki na około 8 cali. Pozostaw krakersy w środku do ostygnięcia i kontynuuj chrupanie, co zwykle zajmuje około 30 minut.
j) Wyjmij krakersy z piekarnika, dopraw je solą do smaku i pozostaw do całkowitego ostygnięcia. Te domowe krakersy ostrygowe możesz przechowywać w zamkniętym pojemniku nawet przez tydzień.

k) Delektuj się domowymi krakersami ostrygowymi jako przekąską lub wspaniałym dodatkiem do zup i zup chowder. Ich bogaty, maślany smak wzbogaci Twoje kulinarne kreacje.

10. Domowe krakersy Wszystko

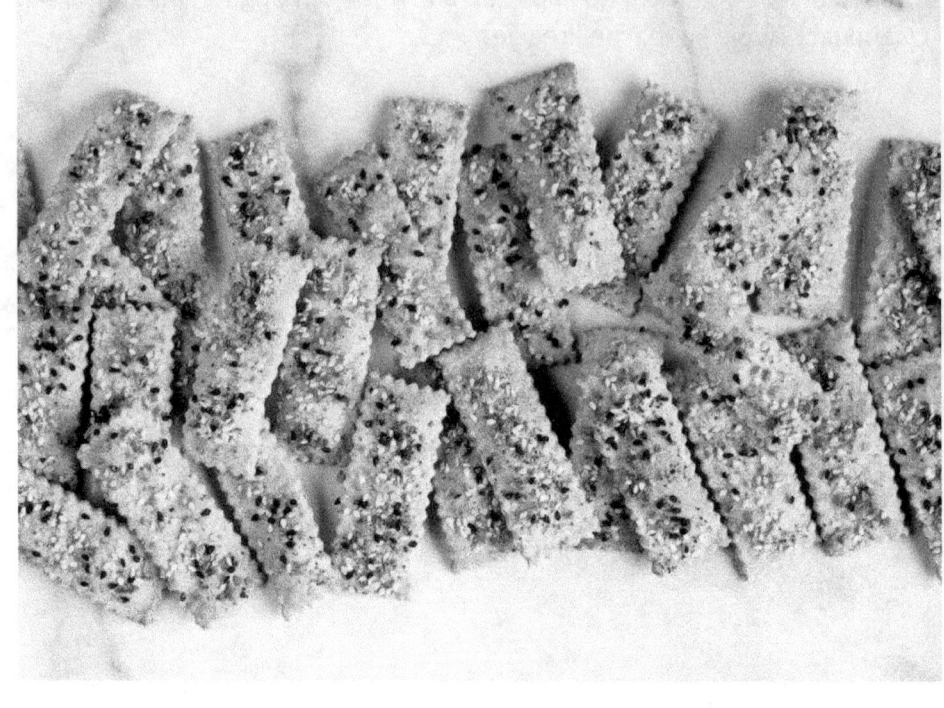

Ilość: 50 krakersów

SKŁADNIKI:
- 1 szklanka mąki uniwersalnej plus dodatkowa ilość do podsypywania
- ½ szklanki mąki pełnoziarnistej
- 1 łyżeczka cukru granulowanego
- 1 łyżeczka soli koszernej
- ¼ łyżeczki czarnego pieprzu
- 2 łyżki oliwy z oliwek
- ½ szklanki wody, plus dodatkowa ilość do szczotkowania
- 2 łyżki przyprawy do wszystkiego

INSTRUKCJE:
a) Rozgrzej piekarnik do 450 stopni F i wyłóż dwie blachy do pieczenia papierem pergaminowym.
b) W dużej misce wymieszaj oba rodzaje mąki, cukier, sól i czarny pieprz. Dodaj oliwę z oliwek i wodę, mieszaj, aż mieszanina utworzy lekko szorstkie ciasto. Delikatnie ugniataj rękami i uformuj gładką kulę.
c) Pozostaw ciasto na 10 minut, a następnie rozwałkuj je cienko na posypanej mąką powierzchni roboczej na grubość około 1/16 do ⅛ cala. Użyj foremki do ciastek lub foremki do pizzy, aby utworzyć prostokątne krakersy o wymiarach 1 cal na 3 cale.
d) Ułóż krakersy na przygotowanych blachach do pieczenia. Posmaruj je wodą i obficie posyp wszystko przyprawami.
e) Piecz przez 12-14 minut lub do momentu, aż nabiorą pięknego złotobrązowego koloru. Następnie pozwól im ostygnąć na metalowej kratce.
f) Aby zachować maksymalną świeżość, przechowuj świeżo upieczone krakersy w szczelnym pojemniku. Cieszyć się!

11. Krakersy Curry

Na: 95 porcji

SKŁADNIKI:

- 3 łyżki masła lub margaryny
- 1 ½ łyżki Bardzo drobno posiekanej cebuli
- 1 łyżeczka prasowanego czosnku (około 4 średnie ząbki)
- ¾ łyżeczki Bardzo drobno posiekanego świeżego imbiru
- 1 ½ łyżeczki mielonego suszonego kminku
- 1 ½ łyżeczki mielonej suszonej kolendry
- 1 ½ łyżeczki mielonej suszonej kurkumy
- ½ łyżeczki pieprzu cayenne
- 2 filiżanki mąki uniwersalnej
- 1 łyżeczka soli
- ½ szklanki wody

INSTRUKCJE:

a) Rozgrzej piekarnik do 163°C (325°F).
b) Na małej patelni, na średnim ogniu, rozpuść masło. Dodaj posiekaną cebulę, czosnek i imbir (jeśli używasz świeżego imbiru) i smaż, aż cebula stanie się przezroczysta.
c) Dodaj kminek, kolendrę, kurkumę i cayenne (i mielony suszony imbir, jeśli używasz) i gotuj przez około 1 minutę, ciągle mieszając.
d) W dużej misce lub robocie kuchennym wymieszaj uniwersalną mąkę i sól. Dodaj mieszankę przypraw i dokładnie wymieszaj, aż mieszanina będzie przypominać gruboziarnisty posiłek i nabierze jasnożółtego koloru.
e) Powoli dodawaj wodę i kontynuuj mieszanie, aż ciasto połączy się w zwartą kulę.
f) Ciasto podzielić na 2 równe części do wałkowania. Na posypanej mąką powierzchni lub szmatce rozwałkuj ciasto cienko, o grubości około 1/16 do ⅛ cala. Za pomocą ostrego noża pokrój go na 2-calowe kwadraty lub inne pożądane kształty. Nakłuj każdy kraker 2 lub 3 razy widelcem.
g) Piec krakersy w nagrzanym piekarniku przez 20 do 25 minut lub do momentu, aż staną się chrupiące. Po zakończeniu pozwól im ostygnąć na kratce.

12. Krakersy Koperkowe

Ilość składników: Około 6 porcji

SKŁADNIKI:
- 1 Mąkę o wszechstronnym przeznaczeniu
- ½ łyżeczki soli
- ½ łyżeczki suszonego ziela koperku
- ¼ łyżeczki czosnku w proszku
- ¼ szklanki niesolonego masła, zimnego i pokrojonego w kostkę
- 3 łyżki zimnej wody

INSTRUKCJE:
a) W misce wymieszaj uniwersalną mąkę, sól, suszony koperek i proszek czosnkowy. Wymieszaj te suche składniki.
b) Do suchych składników dodać zimne, pokrojone w kostkę, niesolone masło. Za pomocą noża do ciasta lub palców włóż masło do mieszanki mąki, aż będzie przypominać grube okruchy.
c) Stopniowo dodawaj zimną wodę do mieszanki, łyżka po łyżce i mieszaj, aż ciasto zacznie się łączyć. Możesz nie potrzebować całej wody; zatrzymać, gdy z ciasta będzie można uformować kulę.
d) Z ciasta uformuj dysk, zawiń go w folię i włóż do lodówki na co najmniej 30 minut. Ten etap schładzania sprawi, że ciasto stanie się twarde i będzie łatwiejsze do rozwałkowania.
e) Rozgrzej piekarnik do 175°C i wyłóż blachę do pieczenia papierem pergaminowym.
f) Na lekko posypanej mąką powierzchni rozwałkuj schłodzone ciasto na grubość około 1/8 cala (0,3 cm). Możesz do tego użyć wałka do ciasta.
g) Za pomocą foremek do ciastek lub noża pokrój rozwałkowane ciasto na pożądane kształty krakersów. Pokrojone krakersy ułożyć na przygotowanej blasze do pieczenia.
h) Każdy krakers nakłuj widelcem, aby zapobiec nadmiernemu napuchnięciu podczas pieczenia.
i) Piec w nagrzanym piekarniku przez około 12-15 minut lub do momentu, aż krakersy staną się złotobrązowe i chrupiące.
j) Wyjmij krakersy z piekarnika i pozostaw je na kilka minut na blasze do pieczenia, a następnie przenieś je na metalową kratkę, aby całkowicie ostygły.
k) Gdy krakersy koperkowe całkowicie ostygną, można je przechowywać w szczelnym pojemniku przez kilka dni.

13. Krakersy szałwiowe

Ilość na: około 24 porcji

SKŁADNIKI:

- 4 szklanki mąki
- 2 łyżki proszku do pieczenia
- 1 ½ łyżeczki soli
- ¼ szklanki drobno posiekanej świeżej szałwii
- 1 szklanka mleka
- ¾ szklanki oliwy z oliwek z pierwszego tłoczenia (podzielona)
- Sól gruboziarnista
- Dodatkowa mąka do obtoczenia

INSTRUKCJE:
a) Rozgrzej piekarnik do 220°C (425°F).
b) W dużej misce wymieszaj mąkę, proszek do pieczenia, sól i drobno posiekaną świeżą szałwię. Dobrze wymieszaj, aby wymieszać te suche składniki.
c) Do suchych składników dodać mleko i ½ szklanki oliwy z oliwek z pierwszego tłoczenia. Mieszaj, aż mieszanina się połączy i utworzy kulę ciasta.
d) Lekko zagnieść ciasto około 10 razy.
e) Ciasto podzielić równomiernie na 16 części.
f) Na czystym blacie lub blacie cukierniczym lekko posypanym mąką spłaszcz każdy kawałek ciasta i rozwałkuj go tak cienko, jak to możliwe. Aby ułatwić wałkowanie, ciasto można często odwracać.
g) Na każdej blasze do pieczenia ułóż po dwa krakersy.
h) Wierzch krakersów lekko posmaruj pozostałą oliwą z oliwek i posyp gruboziarnistą solą.
i) Piec w nagrzanym piekarniku przez 8-10 minut lub do momentu, aż krakersy staną się złotobrązowe.
j) Po upieczeniu odstaw krakersy szałwiowe do ostygnięcia na drucianej kratce, bez przykrycia.
k) Podawać krakersy w temperaturze pokojowej. Najlepiej smakują podane w ciągu 8 godzin od upieczenia, ale można je przechowywać przez całą noc w szczelnym pojemniku. W razie potrzeby można je włożyć do niskiego piekarnika, aby przed podaniem zarumieniły się.

l) Przed podaniem porwij krakersy szałwiowe na kawałki i umieść je w koszyku wyłożonym serwetkami. Można je podawać samodzielnie lub z różnymi pastami lub dipami.

14. Krakersy wieloziarniste z siemienia lnianego

Ilość: 4 porcje

SKŁADNIKI:
- 2 szklanki mąki gryczanej
- 1 łyżka nasion lnu
- 1 łyżka nasion sezamu, prażonych
- ¼ szklanki oleju
- 1 łyżeczka soli
- 1 łyżeczka cukru
- 1 łyżeczka płatków czerwonego chili
- 1 łyżeczka mieszanki ziół (suszonych)
- ½ szklanki schłodzonej wody

INSTRUKCJE:
a) Aby rozpocząć przygotowywanie przepisu na krakersy gryczane, w dużej misce wymieszaj mąkę gryczaną z olejem, solą, cukrem, płatkami chili, mieszanką ziół, nasionami lnu i prażonym sezamem.
b) Konsystencja powinna wyglądać jak bułka tarta. W razie potrzeby dodać więcej oleju, aby uzyskać odpowiednią konsystencję.
c) Dodawaj stopniowo lodowatą wodę, aż uzyskasz dobre, jednolite i nieklejące się ciasto. Odstaw na 10 minut.
d) W międzyczasie rozgrzej piekarnik do 180 stopni C na 10 minut.
e) Rozwałkuj ciasto na jednym arkuszu papieru pergaminowego. Rozwałkuj tak cienko, jak tylko możesz.
f) Za pomocą noża do pizzy pokrój ciasto na kwadraty lub prostokąty. Zrób kilka nakłuć widelcem.
g) Piec 10-15 minut w temperaturze 180°C lub do momentu zarumienienia i chrupkości. Uważaj, żeby nie przesmażyć, bo krakersy gryczane się spalą. Sprawdzaj co kilka minut.
h) Po upieczeniu wyjmij blachę do pieczenia z piekarnika, ostudź krakersy gryczane i podawaj.
i) Podawaj krakersy gryczane podczas podwieczorku z przepisem na dip z pomidorów i nasion słonecznika oraz przepisem na mrożoną herbatę z cynamonem i pomarańczą.

15. Krakersy warzywno-ziołowe

Ilość: Około 1 porcji

SKŁADNIKI:
- 2 szklanki mąki
- 1 łyżka oleju
- ¼ szklanki suszonych płatków warzywnych (zmiksowanych na proszek)
- ¼ szklanki) cukru
- 1 łyżeczka soli
- ½ łyżeczki sody oczyszczonej
- ¼ szklanki tłuszczu piekarskiego w temperaturze pokojowej
- 2 łyżeczki mieszanki ziół (takich jak natka pietruszki, szczypiorek, oregano, cząber, tymianek, estragon itp.)
- 1 łyżeczka soli selerowej
- ¾ szklanki ciepłej wody

INSTRUKCJE:
a) Zacznij od włożenia suszonych płatków warzywnych do blendera i zmiksowania ich na proszek.
b) W dużej misce wymieszaj wszystkie składniki z wyjątkiem ciepłej wody, aż zostaną dobrze wymieszane.
c) Stopniowo dodawaj ciepłą wodę do mieszanki i mieszaj, aż powstanie gładkie ciasto.
d) Ciasto podzielić na dwie równe części, przykryć je i odstawić na 10 minut.
e) Rozgrzej piekarnik do 200°C (400°F).
f) Weź jedną porcję ciasta i połóż ją na lekko naoliwionej blasze do pieczenia o wymiarach 17 x 14 cali. Rozwałkuj do brzegów, pamiętając, że ciasto będzie bardzo cienkie. W razie potrzeby możesz użyć dodatkowej mąki, aby zapobiec sklejaniu się ciasta.
g) Całe ciasto nakłuj widelcem, a następnie pokrój na kwadraty o boku 1,5 cala.
h) Piec w nagrzanym piekarniku przez około 10 minut lub do czasu, aż krakersy staną się chrupiące, ale nie nadmiernie rumiane.
i) Wyjmij upieczone krakersy z piekarnika i przenieś je na kratkę, aby ostygły.
j) Czynność powtórzyć z pozostałą porcją ciasta.

k) Te krakersy warzywne to pyszna i pikantna przekąska, którą można delektować się samodzielnie lub z ulubionymi dipami i pastami do smarowania. Ciesz się wyjątkową mieszanką smaków suszonych warzyw!

16. Krakersy z kminkiem i cayenne

Na: około 50 krakersów

SKŁADNIKI:
- 1⅔ szklanki mąki uniwersalnej
- 1 łyżeczka soli
- ½ łyżeczki pieprzu cayenne
- ¼ łyżeczki mielonego kminku
- ¼ łyżeczki mielonej kolendry
- 2 łyżki zimnego niesolonego masła
- Skórka z 1 limonki
- ½ szklanki ciepłego mleka

INSTRUKCJE:
a) Rozgrzej piekarnik do 220°C (425°F). Blachę do pieczenia wyłóż papierem do pieczenia lub matą silikonową.
b) W dużej misce delikatnie wymieszaj 1-⅔ szklanki mąki uniwersalnej ze wszystkimi przyprawami i przyprawami, w tym 1 łyżeczką soli, ½ łyżeczki pieprzu cayenne, ¼ łyżeczki mielonego kminku i ¼ łyżeczki mielonej kolendry.
c) Do mąki dodaj 2 łyżki zimnego, niesolonego masła. Dłońmi wetrzyj masło w mąkę, tworząc konsystencję przypominającą sypki piasek.
d) Zetrzyj skórkę z limonki bezpośrednio do mieszanki i szybko ją wrzuć, aby równomiernie rozprowadzić skórkę.
e) Za pomocą drewnianej łyżki lub gumowej szpatułki wymieszaj ½ szklanki ciepłego mleka, aż powstanie ciasto. Należy pamiętać, że mieszanina może początkowo wydawać się bardzo sucha, ale w razie potrzeby można dodać małe kropelki mleka, aby uzyskać odpowiednią konsystencję.
f) Połowę ciasta wyłóż na posypaną mąką stolnicę i rozwałkuj tak cienko, jak to możliwe. Celem jest uzyskanie grubości cienkiej jak papier, aby uzyskać bardziej chrupiące krakersy.
g) Za pomocą foremki o średnicy 2,5 cala wytnij z rozwałkowanego ciasta tyle krążków, ile zdołasz. Ułóż krążki na przygotowanej blasze do pieczenia. Być może będziesz musiał pracować partiami.
h) Piec krakersy w nagrzanym piekarniku przez 3-5 minut lub do momentu, aż staną się puszyste i złociste. Jeśli ciasto nie było zbyt cienkie, czas pieczenia może być nieco dłuższy.

i) Pozostaw krakersy do ostygnięcia na metalowej kratce, kontynuując rozwałkowanie pozostałego ciasta i pieczenie kolejnych porcji.

j) Po ostygnięciu podawaj te pyszne domowe krakersy z przyprawami z serkiem śmietankowym i ostrym chutneyem z mango lub ulubionym dipem.

17. Krakersy z solą morską i rozmarynem

SKŁADNIKI:
- 1 ½ szklanki mąki uniwersalnej
- 1 łyżeczka grubej soli morskiej
- 1 łyżeczka cukru
- 1 łyżka drobno posiekanego świeżego rozmarynu
- 1 ½ łyżki oliwy z oliwek
- ½ szklanki wody
- W razie potrzeby dodatkowa sól morska do posypania

INSTRUKCJE:
a) Rozgrzej piekarnik do 500°F.
b) W misce wymieszaj mąkę, sól, cukier i drobno posiekany rozmaryn.
c) Dodać wodę i oliwę z oliwek, następnie wymieszać do dokładnego połączenia składników.
d) Przełóż ciasto na blachę wyłożoną papierem do pieczenia, lekko posypaną mąką, tak aby było nieco większe niż Twoja blacha do pieczenia. Rozwałkuj ciasto, aż osiągnie grubość około ⅛ cala, od czasu do czasu podsypując mąką, aby zapobiec sklejaniu się. Staraj się uzyskać równą grubość.
e) Jeśli wolisz, odetnij krawędzie, ponieważ są cieńsze i mogą szybciej się rumienić w piekarniku.
f) Za pomocą noża do pizzy pokrój ciasto na kwadraty. Aby uzyskać opcjonalny efekt, posmaruj kwadraty odrobiną wody i posyp dodatkową solą morską. Następnie za pomocą widelca nakłuj każdy kwadrat kilka razy.
g) Na blachę do pieczenia wykładamy papier do pieczenia z ciastem i wstawiamy do nagrzanego piekarnika. Natychmiast obniż temperaturę do 425°F.
h) Piec przez 12–17 minut lub do momentu, gdy krakersy zaczną nabierać złotobrązowego koloru.

18. Zimowe krakersy z dynią i ziołami

Na około 1,5 tacki

SKŁADNIKI:
- ¾ szklanki surowych nasion słonecznika
- ½ szklanki mielonego złotego lnu
- 2 łyżeczki przyprawy ziołowej włoskiej
- 1 łyżeczka proszku cebulowego
- 1 łyżeczka soli himalajskiej
- 1 łodyga rozmarynu (tylko liście), posiekana
- 3 łodygi tymianku (tylko liście), posiekane
- 3 szklanki obranej i pokrojonej w kostkę dyni piżmowej
- ½ szklanki przefiltrowanej wody
- 1 łyżka płynnego słodzika (z agawy, syropu klonowego lub nektaru kokosowego)
- 1 ząbek czosnku

INSTRUKCJE:
a) W robocie kuchennym wymieszaj surowe nasiona słonecznika, włoską przyprawę ziołową, proszek cebulowy, sól himalajską, mielony tymianek i mielony rozmaryn. Mieszaj mieszaninę, aż osiągnie grubą konsystencję przypominającą mąkę.
b) W blenderze połącz obraną i pokrojoną w kostkę dynię piżmową, przefiltrowaną wodę, płynny słodzik i czosnek. Mieszaj, aż uzyskasz gładkie puree.
c) Do miski przełóż suchą mieszankę i puree z dyni piżmowej. Mieszaj je razem, aż dokładnie się połączą. Powstała mieszanina powinna mieć gęstą konsystencję.
d) Rozłóż ciasto równomiernie na blaszce do suszenia wyłożonej papierem pergaminowym, używając przesuniętej szpatułki. Upewnij się, że ciasto nie jest zbyt rzadkie i nie ma dziur. Jeżeli ciasto jest gęste i szpatułka się klei, przed rozsmarowywaniem można zanurzyć szpatułkę w wodzie.
e) Ustaw temperaturę suszarki na 46°C i susz ciasto przez 1 godzinę. Po tej początkowej godzinie wyjmij tace z suszarki i za pomocą okrągłej foremki do ciastek lub noża natnij krakersy w pożądane kształty.
f) Włóż tace z powrotem do suszarki i kontynuuj suszenie przez dodatkowe 8 do 10 godzin.

g) Po zakończeniu początkowego okresu suszenia wyjmij tace i ostrożnie przełóż krakersy na siatkową tacę. Kontynuuj odwadnianie przez kolejne 12 godzin. W sumie krakersy należy poddać suszeniu od 21 do 23 godzin, aż do całkowitego wyschnięcia.

h) Aby uzyskać optymalną chrupkość, przechowuj krakersy w zamrażarce. Przechowywane w zamrażarce zachowają swoją jakość przez kilka miesięcy. Ciesz się pożywnymi i aromatycznymi krakersami z dyni i ziół!

19. Krakersy lniane z czosnkiem i ziołami

SKŁADNIKI:
NA KRAKERSY:
- 1 ¾ szklanki mielonego lnu
- ⅓-½ szklanki wody (w razie potrzeby)
- ½ łyżeczki drobnej soli

DLA PRZYPRAW I ZIOŁÓW:
- 1 łyżeczka czosnku w proszku
- 1 łyżeczka ziół prowansalskich

INSTRUKCJE:
a) Rozgrzej piekarnik do 390°F.
b) W dużej misce połącz wszystkie suche składniki krakersów, w tym cynamon, czosnek lub inne wybrane przyprawy.
c) Dodaj wodę, zaczynając od ⅓ szklanki i mieszaj, aż uzyskasz jednolite ciasto. W razie potrzeby dodać więcej wody.
d) Umieść ciasto pomiędzy dwoma arkuszami papieru pergaminowego i za pomocą wałka do ciasta rozwałkuj je, aż stanie się bardzo cienkie.
e) Zdejmij górny arkusz papieru pergaminowego i połóż ciasto na blasze do pieczenia.
f) Ciasto delikatnie pokroić na kwadraty bezpośrednio na blasze.
g) Piec 30-40 minut lub do czasu, aż krakersy będą chrupiące, a ich brzegi lekko zarumienione (uważaj, aby ich nie spalić). Krakersy znajdujące się wzdłuż zewnętrznych krawędzi mogą upiec się szybciej, dlatego można je najpierw wyjąć z piekarnika i kontynuować pieczenie środkowych krakersów, aż będą gotowe.
h) Po upieczeniu wyjmij krakersy z piekarnika, poczekaj, aż ostygną i przechowuj je w szczelnym pojemniku.

20. Krakersy z serem francusko-tymiankowym

Na: około 35 krakersów

SKŁADNIKI:
- 2 szklanki białej mąki orkiszowej
- 1 ½ łyżki soli
- ½ łyżeczki cukru
- 3 łyżki tymianku (świeżego lub suszonego)
- ½ łyżki suszonych kwiatów lawendy
- 4 łyżki niesolonego masła, ostudzić i pokroić w drobną kostkę
- 1 szklanka drobno startego sera Comté lub Gruyere
- 1 szklanka gęstej śmietanki

BYCZY:
- 1 białko, lekko ubite
- Płatki soli morskiej

INSTRUKCJE:
a) Rozgrzej piekarnik do 375°F (180°C) lub piecz konwekcyjnie w temperaturze 330°F (165°C).
b) W robocie kuchennym wymieszaj białą mąkę orkiszową, tymianek, suszone kwiaty lawendy, sól morską i cukier. Puls, aby połączyć.
c) Dodaj kostki zimnego masła (4 łyżki) do robota. Miksuj pulsacyjnie, aż mieszanina będzie przypominała gruboziarnisty posiłek. Następnie dodać starty ser i ponownie pulsować 2-3 razy.
d) Podczas gdy robot pracuje, wlej gęstą śmietanę. Przetwarzaj tylko do momentu, aż mieszanina zacznie tworzyć ciasto.
e) Na lekko posypanej mąką powierzchni krótko zagniatamy ciasto i dzielimy je na 2 równe części, każdą uformowaną w prostokąt. Owiń ciasto ściereczką z wosku pszczelego lub woskowanym papierem i włóż do lodówki na około 30-60 minut.
f) Rozwałkuj pierwszy kawałek ciasta na lekko posypanej mąką powierzchni, tworząc długi, bardzo cienki prostokąt. Szerokość powinna wynosić około 7-8 cali (18-20 cm). Za pomocą noża do pizzy pokrój ciasto na trójkąty o szerokości około 5 cm. Pozostaw górne krawędzie szorstkie, aby uzyskać rustykalny wygląd.
g) Trójkąty przekładamy na blachę wyłożoną papierem do pieczenia. Każdy trójkąt posmaruj roztrzepanym białkiem i delikatnie posyp płatkami soli morskiej. Powtórzyć proces z drugą partią. W razie potrzeby można piec wiele arkuszy razem z pieczeniem konwekcyjnym.

h) Piecz przez około 12-15 minut, następnie obróć arkusze tyłem do przodu i kontynuuj pieczenie przez dodatkowe 8-10 minut, aż krakersy ładnie się zarumienią.

i) Zanim przechowasz je w szczelnym pojemniku, poczekaj, aż krakersy całkowicie ostygną. Zachowują świeżość przez około 2 tygodnie, chociaż w naszym domu znikają znacznie szybciej!

21. Krakersy z serem pleśniowym i krakersami pszennymi

Sprawia: 5 tuzinów

SKŁADNIKI:

- 1 Mąkę o wszechstronnym przeznaczeniu
- ½ szklanki niegotowanego bulguru (pękana pszenica)
- ½ łyżeczki soli
- ¼ łyżeczki sody oczyszczonej
- ½ szklanki maślanki o niskiej zawartości tłuszczu
- ¼ szklanki (1 uncja) pokruszonego sera pleśniowego
- 2 łyżki oleju roślinnego
- 2 łyżki mąki uniwersalnej, podzielone
- Spray do gotowania warzyw

INSTRUKCJE:

a) W średniej misce połącz pierwsze 4 składniki (mąkę, prażoną pszenicę, sól i sodę oczyszczoną) i dobrze wymieszaj.
b) Do suchych składników dodaj maślankę, pokruszony ser pleśniowy i olej roślinny, mieszaj, aż powstanie miękkie ciasto. Ciasto będzie nieco lepkie.
c) Ciasto podzielić na 4 równe części, z każdej uformować kulę. Każdą kulkę posyp 1 łyżką mąki. Przykryj je i odstaw na 5 minut.
d) Rozgrzej piekarnik do 190 stopni C (375 stopni F).
e) Na blasze do pieczenia pokrytej sprayem do gotowania warzyw rozwałkuj jedną z kulek ciasta na cienki prostokąt o wymiarach około 10 x 6 cali. W razie potrzeby podsyp ciasto ¾ łyżeczki mąki, aby ciasto nie przyklejało się do wałka.
f) Ciasto nacinaj, wykonując 4 nacięcia wzdłużne i 2 nacięcia poprzeczne, tak aby powstało 15 krakersów. Każdy krakers nakłuj widelcem po przekątnej 4 razy.
g) Piec w nagrzanym piekarniku przez około 11 minut lub do momentu, aż krakersy staną się chrupiące. Wyjmij je z patelni i pozostaw do całkowitego ostygnięcia na metalowej kratce.
h) Po ostygnięciu podziel krakersy na osobne kawałki.
i) Powtórzyć procedurę wałkowania i pieczenia z pozostałym ciastem i mąką.
j) Przechowuj domowy ser pleśniowy i popękane krakersy pszenne w szczelnym pojemniku.

22. Krakersy Cheddar

Na: 6 porcji

SKŁADNIKI:
- ½ szklanki masła lub margaryny
- 1 ½ szklanki niebielonej mąki, przesianej
- ½ łyżeczki soli
- 1 łyżeczka proszku do pieczenia
- 2 szklanki bardzo ostrego sera Cheddar, drobno startego
- Odrobina pieprzu cayenne

INSTRUKCJE:
a) W misce wymieszaj przesianą mąkę, sól i proszek do pieczenia.
b) Masło pokroić na małe kawałki i dodać do suchych składników. Za pomocą noża do ciasta lub palców włóż masło do suchych składników, aż mieszanina będzie przypominać grubą mąkę kukurydzianą.
c) Dodaj drobno starty bardzo ostry ser Cheddar do mieszanki i wymieszaj widelcem, aż dobrze się połączy.
d) Aby podgrzać krakersy, dodaj odrobinę pieprzu cayenne. Dostosuj ilość cayenne do swoich preferencji smakowych.
e) Uformuj mieszaninę w bułki o średnicy od 1 ½ do 2 cali. Zawiń bułki w folię i przechowuj w lodówce przez 30 do 40 minut, aż stwardnieją.
f) Rozgrzej piekarnik do 400 stopni Fahrenheita (200 stopni Celsjusza).
g) Wyjmij schłodzone bułki z lodówki i pokrój każdą rolkę na cienkie plasterki o grubości około ¼ cala.
h) Połóż pokrojone krakersy na nienatłuszczonej blaszce z ciasteczkami.
i) Piec w nagrzanym piekarniku przez około 10 minut lub do momentu, aż krakersy staną się złotobrązowe.
j) Wyjmij krakersy z blachy i poczekaj, aż ostygną.
k) Schłodzone krakersy cheddar przechowuj w szczelnych pojemnikach w chłodnym miejscu. Przechowywane w ten sposób zachowają świeżość przez kilka tygodni. Można je nawet zamrozić w celu dłuższego przechowywania.
l) Te domowe krakersy cheddar to pyszna przekąska o bogatym serowym smaku i odrobinie przyprawy cayenne. Cieszyć się!

23. Krakersy Fondue z serem szwajcarskim

Ilość składników: Około 80 porcji

SKŁADNIKI:
- 1 ½ szklanki mąki uniwersalnej
- ¼ łyżeczki soli
- ¼ łyżeczki świeżo zmielonego pieprzu
- ⅛ łyżeczki gałki muszkatołowej
- ½ szklanki (½ sztyftu) masła lub margaryny, miękkiej
- 8 uncji sera szwajcarskiego, posiekanego (2 do 2-½ filiżanek, luźno zapakowane)
- ¼ szklanki wody

INSTRUKCJE:
a) Rozgrzej piekarnik do 163°C (325°F).
b) W dużej misce lub za pomocą robota kuchennego wymieszaj uniwersalną mąkę, sól, świeżo zmielony pieprz i gałkę muszkatołową.
c) Dodawaj zmiękczone masło, aż mieszanina będzie przypominała gruboziarnisty posiłek.
d) Dodaj pokruszony ser szwajcarski i mieszaj, aż równomiernie pokryje mieszaninę.
e) Mieszaj wodę, aby utworzyć ciasto, które będzie trzymać się razem w spójnej kuli.
f) Ciasto podzielić na 2 równe części do wałkowania.
g) Na posypanej mąką powierzchni lub stolnicy rozwałkuj każdą porcję na grubość około ⅜ cala.
h) Rozwałkowane ciasto pokroić na kwadraty wielkości około 1 cala na 1 cal.
i) Ułóż pokrojone krakersy na nienatłuszczonej blasze do pieczenia, upewniając się, że krawędzie krakersów się nie stykają.
j) Piec w nagrzanym piekarniku przez 15 minut. Następnie obróć krakersy na drugą stronę i kontynuuj pieczenie przez kolejne 10 do 15 minut lub do momentu, aż nabiorą średniobrązowego koloru. Krakersy powinny być chrupiące.
k) Po upieczeniu przełóż krakersy na kratkę do studzenia.
l) Te krakersy fondue są bogate, lekkie i wypełnione zachwycającym smakiem szwajcarskiego sera. Stanowią wspaniały dodatek do wina, szczególnie alzackiego Gewurztraminera czy Szarego Rieslinga. Cieszyć się!

24. Kowbojskie krakersy

Na: około 48 porcji

SKŁADNIKI:

- 2 torebki (po 1 ¾ uncji każda) chipsów ziemniaczanych o smaku mesquite
- 3 uncje (¾ szklanki) sera Chihuahua lub Monterey Jack, posiekanego
- 6 łyżek niesolonego masła, schłodzonego, pokrojonego na 6 kawałków
- 2 filiżanki mąki uniwersalnej
- 1 łyżeczka suchej musztardy
- ⅛ łyżeczki soli
- 4 łyżki wody z lodem

INSTRUKCJE:

a) Zmiażdż chipsy ziemniaczane o smaku mesquite w robocie kuchennym lub blenderze, aż staną się drobnymi okruchami.
b) Dodajemy pokruszony ser i mieszamy aż ser będzie drobno posiekany i dobrze połączony z bułką tartą.
c) Jeśli używasz robota kuchennego, dodaj schłodzone, posiekane masło i miksuj krótko, aż masło zostanie posiekane na wielkość małego groszku.
d) Następnie dodać mąkę uniwersalną, musztardę suchą i sól. Przetwarzaj tylko tyle, aby połączyć składniki. Zdejmij pokrywkę i równomiernie posyp ciasto lodowatą wodą. Przetwarzaj ponownie, aż ciasto się zlepi.
e) Jeśli wolisz wykańczać ciasto ręcznie, przenieś mieszaninę sera i chipsów ziemniaczanych do miski.
f) Dodaj schłodzone, posiekane masło i za pomocą blendera lub widelca wmieszaj masło do masy, aż uzyska wielkość małego groszku.
g) Dodaj mąkę uniwersalną, suchą musztardę i sól i wymieszaj do połączenia. Następnie dodać wodę i wymieszać widelcem, aż powstanie ciasto.
h) Przenieś ciasto do dużej plastikowej torby na żywność. Przeszukaj torbę, aby uformować kulę z ciasta i spłaszczyć je w dysk. Ciasto przechowuj w lodówce, aż będzie wystarczająco twarde, aby można je było wałkować, co powinno zająć około 30 minut.
i) Rozgrzej piekarnik do 400 stopni Fahrenheita (200 stopni Celsjusza).

j) Rozwałkuj ciasto na posypanej mąką powierzchni na jednolitą grubość ¼ cala lub nieco mniejszą. Za pomocą foremek do ciastek pokrój ciasto w pożądane kształty.
k) Wycięte kształty przełożyć na nienatłuszczoną blachę do pieczenia.
l) Piec w nagrzanym piekarniku, aż krakersy staną się złociste, co powinno zająć około 8 do 10 minut.
m) Po upieczeniu przełóż krakersy na metalową kratkę, aby ostygły.
n) Schłodzone krakersy kowbojskie przechowuj w hermetycznych pojemnikach, aby zachować świeżość.
o) Te aromatyczne kowbojskie krakersy z połączeniem chipsów ziemniaczanych mesquite i sera stanowią wspaniałą przekąskę lub przystawkę na każdą okazję. Cieszyć się!

25. Pikantne krakersy z serem pomidorowym

SKŁADNIKI:
- 1 szklanka mąki uniwersalnej
- 4 łyżki zimnego masła, pokrojonego w kostkę
- 8 uncji startego ostrego sera Cheddar
- ½ łyżeczki soli koszernej (plus dodatkowa ilość do posypania)
- ¼ łyżeczki proszku cebulowego
- ¼ łyżeczki czosnku w proszku
- ½ łyżeczki wędzonej papryki
- ½ łyżeczki sproszkowanego chili chipotle
- 6 do 8 łyżek V8 lub soku pomidorowego

INSTRUKCJE:
a) Połącz wszystkie składniki, z wyjątkiem soku pomidorowego, w robocie kuchennym. Pulsuj, aż mieszanina dobrze się połączy i będzie przypominać grube okruchy.
b) Przy włączonym robocie kuchennym stopniowo dodawaj sok pomidorowy lub sok V8, po jednej łyżce na raz, aż ciasto zacznie się łączyć.
c) Ciasto przełożyć na posypaną mąką stolnicę i krótko zagnieść. Uformuj z niego płaski dysk, zawiń w folię i włóż do lodówki na co najmniej godzinę. Przed schłodzeniem warto nadać mu nieco kwadratowy kształt.
d) Po schłodzeniu rozwałkować ciasto na grubość około ⅛ cala i pokroić w kwadraty. Kwadraty układamy na blasze wyłożonej papierem do pieczenia, zachowując między nimi niewielkie odstępy. Puchną, ale nie rozprzestrzeniają się zbytnio, więc można je ustawiać blisko siebie.
e) Za pomocą pałeczki lub płaskiego końca bambusowego szpikulca zrób dziurę w środku każdego krakersa. Lekko posyp je solą koszerną.
f) Piec w temperaturze 200°C przez 15 do 17 minut lub do momentu, aż brzegi ładnie się zarumienią. Następnie przenieś je na stojak chłodzący; po ostygnięciu staną się bardziej chrupiące.
g) Przechowuj krakersy szczelnie przykryte przez okres do tygodnia, chociaż najlepiej smakują, gdy można je zjeść wkrótce po ich przygotowaniu.
h) Jeśli krakersy z czasem staną się miękkie, możesz je ponownie przyrumienić, piekąc w temperaturze 350°F (175°C) przez około 5 minut.

26. Krakersy z serem Sriracha

SKŁADNIKI:
- 1 szklanka mąki pełnoziarnistej
- ¾ łyżeczki soli morskiej
- 4 łyżki zimnego masła, pokrojonego na kawałki
- 1 szklanka startego sera Cheddar
- ½ do 1½ łyżeczki Sriracha
- 3 łyżki zimnej wody
- Gruba sól i olej do posypania

INSTRUKCJE:
a) W misie robota kuchennego wymieszaj mąkę z ciasta pełnoziarnistego, sól morską i kawałki zimnego masła.
b) Pulsuj, aż masło całkowicie się wchłonie i nie pozostaną żadne duże kawałki.
c) Dodaj starty ser cheddar i miksuj, aż składniki dobrze się połączą.
d) Dodaj Srirachę i zimną wodę do mieszanki w robocie kuchennym. Pulsuj, aż mieszanina utworzy kulę ciasta. Wyjmij ciasto z malaksera, połóż je na kawałku woskowanego papieru, lekko spłaszcz i owiń papierem woskowym. Przechowywać w lodówce przez około godzinę.
e) Rozgrzej piekarnik do 350 stopni Fahrenheita (175 stopni Celsjusza). Lekko posyp mąką deskę do krojenia i rozwałkuj połowę ciasta na równą grubość ⅛ cala, drugą połowę przykrywając papierem woskowanym. Za pomocą noża do pizzy możesz pokroić ciasto na kwadraty, trójkąty lub prostokąty. Nie martw się zbytnio o uzyskanie idealnie jednolitych kształtów.
f) Wierzch krakersów lekko spryskaj oliwą z oliwek i posyp je szczyptą grubej soli, a następnie przenieś je na blachę wyłożoną papierem do pieczenia lub matą silikonową. Zostaw trochę miejsca pomiędzy każdym krakersem; nie rozprzestrzeniają się zbytnio, ale nie powinny dotykać.
g) Piec przez 10-15 minut, obracając blachę do pieczenia w połowie czasu, jeśli to konieczne, aby równomiernie się upiekło. Krakersy powinny w większości stać się złotobrązowe, ale będą pewne różnice, niektóre będą ciemniejsze niż inne. Jeśli wolisz, możesz usunąć najciemniejsze i kontynuować pieczenie pozostałych, ale nie jest to konieczne. Lżejsze będą nadal chrupiące, chociaż mogą mieć również lekko gumowatą konsystencję.
h) Powtórzyć proces wałkowania i krojenia z pozostałą połową ciasta podczas pieczenia pierwszej partii.

i) Pozostaw krakersy do całkowitego ostygnięcia na metalowej kratce, a następnie przechowuj je w szczelnym pojemniku. Powinny pozostać chrupiące nawet przez tydzień, ale mogą nie trwać tak długo, zwłaszcza jeśli lubisz je tak samo jak my!

27. Azjatyckie krakersy z twarogiem

Sprawia: 3

SKŁADNIKI:
- 400 gramów twarogu
- 200 gramów pomidorków koktajlowych
- 160 gramów mąki
- 1 szklanka świeżej bazylii
- 1 szklanka świeżego szczypiorku
- 1 łyżka oliwy z oliwek
- 1 łyżka ziół azjatyckich
- Szczypta grubej soli morskiej
- Szczypta całych tęczowych ziaren pieprzu

INSTRUKCJE:
a) Rozgrzej piekarnik do 200°C (392°F), aby zapewnić najlepsze rezultaty podczas pieczenia krakersów.
b) Zacznij od umycia pomidorków koktajlowych, usunięcia soku i nasion oraz pokrojenia ich w drobną kostkę. Pokrój w cienkie plasterki świeżą bazylię i szczypiorek.
c) W misce wymieszaj twarożek, świeżą bazylię i świeży szczypiorek z mąką. Dopraw mieszankę szczyptą soli morskiej Kotanyi i ziarenek tęczowego pieprzu według własnego uznania. Dodaj 1 łyżkę ziół azjatyckich Kotányi i dokładnie wymieszaj.
d) Blachę do pieczenia wyłóż papierem pergaminowym i skrop oliwą. Z powstałej mieszanki uformuj koła i połóż je na blasze. Piec w nagrzanym piekarniku przez około 8-10 minut. Pamiętaj, aby w połowie pieczenia obrócić krążki i posypać je drobno pokrojonymi pomidorami.

28. Krakersy żytnie kminkowe

Ilość składników: Około 1 porcji (można pomnożyć w celu uzyskania większej liczby porcji)

SKŁADNIKI:
- 1 szklanka mąki żytniej
- ¾ szklanki mąki uniwersalnej
- 2 łyżeczki nasion kminku
- 1 łyżeczka cukru
- ¾ łyżeczki sody oczyszczonej
- ½ łyżeczki soli czosnkowej
- ¼ łyżeczki soli cebulowej
- ⅓ szklanki oleju
- 4 do 5 łyżek wody z lodem

INSTRUKCJE:
a) Rozgrzej piekarnik do 175°C (350°F).
b) W średniej misce wymieszaj mąkę żytnią, mąkę uniwersalną, kminek, cukier, sodę oczyszczoną, sól czosnkową i sól cebulową.
c) Do suchych składników dodać olej i wymieszać widelcem, aż masa będzie wilgotna.
d) Posyp mieszaninę lodowatą wodą, 1 łyżkę stołową na raz, cały czas mieszając, aż mieszanina połączy się i utworzy kulę ciasta.
e) Ciasto podzielić na pół.
f) Połowę ciasta umieść pomiędzy dwoma dużymi arkuszami woskowanego papieru.
g) Rozwałkuj ciasto na grubość około 1/16 cala.
h) Zdejmij górny arkusz woskowanego papieru i pokrój rozwałkowane ciasto na kształty o grubości 1 ½ cala za pomocą noża lub foremki do ciastek.
i) Powtórzyć proces wałkowania i krojenia z pozostałą połową ciasta.
j) Połóż wycięte krakersy na nienatłuszczonej blasze do pieczenia i za pomocą widelca nakłuj każdy kraker 2 lub 3 razy.
k) Piec w nagrzanym piekarniku przez 10 do 15 minut lub do czasu, aż krakersy staną się chrupiące i nabiorą złotobrązowego koloru.
l) Wyjmij krakersy z blachy do pieczenia i połóż je na metalowej kratce, aby ostygły.

m) Kminkowe krakersy żytnie to wyśmienita przekąska o niepowtarzalnym smaku. W razie potrzeby możesz pomnożyć przepis, aby przygotować więcej porcji. Cieszyć się!

29. Krakersy z kopru włoskiego i cebuli

Ilość składników: Około 70 porcji

SKŁADNIKI:
- 2 filiżanki mąki uniwersalnej
- 2 łyżki nasion kopru włoskiego
- 1 ½ łyżeczki soli
- 1 łyżeczka Czarnego pieprzu
- ¼ szklanki plus 2 łyżki tłuszczu
- 2 łyżki (¼ kostki) masła lub margaryny, miękkiej
- 1¼ szklanki mielonej cebuli (około jednej średniej cebuli)
- 2 łyżki wody

INSTRUKCJE:
a) Rozgrzej piekarnik do 190°C (375°F).
b) Zacznij od grubego zmielenia nasion kopru włoskiego. Możesz użyć młynka do żywności, blendera lub posiekać je ręcznie nożem. Możesz zmielić większą porcję, aby mieć ją pod ręką do wykorzystania w przyszłych przepisach. Jeśli chcesz mocniejszego smaku kopru włoskiego, zmiel dodatkowe nasiona i posyp je krakersami.
c) W robocie kuchennym lub dużej misce wymieszaj uniwersalną mąkę, zmielone nasiona kopru włoskiego, sól i czarny pieprz.
d) Dodaj skrócone i miękkie masło, aż mieszanina będzie przypominać gruboziarnisty posiłek.
e) Wymieszać z posiekaną cebulą, a następnie dodać tyle wody, aby powstało gładkie ciasto, które będzie trzymać się razem w spójną kulę.
f) Ciasto podzielić na 2 równe części do wałkowania.
g) Na posypanej mąką powierzchni lub ściereczce rozwałkuj każdą porcję na prostokąt o grubości od ⅛ do ¼ cala.
h) W razie potrzeby posyp rozwałkowane ciasto lekko i równomiernie dodatkowymi zmielonymi nasionami kopru włoskiego. Delikatnie obróć wałek po cieście, aby je wcisnąć.
i) Za pomocą ostrego noża pokrój ciasto na 2-calowe kwadraty, a następnie przenieś te kwadraty na nienatłuszczoną blachę do pieczenia.
j) Nakłuj każdy kwadrat 2 lub 3 razy zębami widelca.
k) Piec w nagrzanym piekarniku przez 15 do 20 minut lub do momentu, aż krakersy staną się złotobrązowe na brzegach.
l) Po upieczeniu wyjmij krakersy z koprem i cebulą z piekarnika i pozostaw do ostygnięcia na metalowej kratce.

m) Te aromatyczne krakersy są kruche, delikatne i chrupiące, z wyraźnym smakiem kopru włoskiego i pikantnym dodatkiem mielonej cebuli. Ciesz się ich uzależniającym smakiem!

30. Super krakersy z nasionami

Na: 64 krakersy

SKŁADNIKI:

- 250 gramów mocnej białej mąki chlebowej lub mąki uniwersalnej
- 25 gramów pestek dyni
- 25 gramów siemienia lnianego
- 25 gramów nasion słonecznika
- 15 gramów nasion sezamu
- 5 gramów maku
- 50 gramów oliwy z oliwek
- 5 gramów drobnej soli morskiej
- 100 gramów wody

INSTRUKCJE:

a) Rozgrzej piekarnik do 170°C i wyłóż dwie blachy do pieczenia papierem pergaminowym. Odłóż je na bok.
b) Wszystkie składniki odważyć do miski miksującej.
c) Mieszaj składniki przez 15 sekund przy prędkości 3.
d) Ugniataj mieszaninę przez 1 minutę i 30 sekund.
e) Wyłóż ciasto na lekko posypaną mąką powierzchnię roboczą.
f) Podziel ciasto na pół.
g) Każdą porcję rozwałkowujemy bardzo cienko na grubość około 1-2 mm.
h) Pokrój ciasto na kwadraty lub prostokąty lub za pomocą foremki do ciastek utwórz koła.
i) Wycięte krakersy układamy na przygotowanej blasze do pieczenia.
j) Piec w nagrzanym piekarniku przez 20-25 minut lub do momentu, aż będą gotowe.
k) Pozwól krakersom ostygnąć i przechowuj je w szczelnym pojemniku.
l) Te super zdrowe krakersy z nasionami są nie tylko pyszne, ale także pełne odżywczych składników. Idealnie nadają się na przekąskę i mogą być świetnym dodatkiem do posiłków. Cieszyć się!

31. Krakersy z kaszy gryczanej i nasion lnu

Ilość: 4 porcje

SKŁADNIKI:
- 2 szklanki mąki gryczanej (Kuttu Ka Atta)
- 1 łyżka nasion lnu
- 1 łyżka nasion sezamu (nasiona Til), prażone
- ¼ szklanki oleju
- 1 łyżeczka soli
- 1 łyżeczka cukru
- 1 łyżeczka płatków czerwonego chili
- 1 łyżeczka mieszanki ziół (suszonych)
- ½ szklanki schłodzonej wody

INSTRUKCJE:
a) W dużej misce wymieszaj mąkę gryczaną z olejem, solą, cukrem, płatkami chili, mieszanką ziół, nasionami lnu i prażonym sezamem. Konsystencja powinna wyglądać jak bułka tarta. W razie potrzeby dodać więcej oleju, aby uzyskać odpowiednią konsystencję.
b) Dodawaj stopniowo lodowatą wodę, aż uzyskasz dobre, jednolite i nieklejące się ciasto. Odstaw na 10 minut.
c) W międzyczasie rozgrzej piekarnik do 180°C (356°F) na 10 minut.
d) Rozwałkuj ciasto na jednym arkuszu papieru pergaminowego. Rozwałkuj go tak cienko, jak tylko możesz.
e) Za pomocą noża do pizzy pokrój ciasto na kwadraty lub prostokąty. Zrób kilka nakłuć widelcem.
f) Piec przez 10-15 minut w temperaturze 180°C (356°F) lub do momentu, aż zaczną się rumienić i staną się chrupiące. Uważaj, żeby nie przesmażyć, bo krakersy gryczane się spalą. Sprawdzaj co kilka minut.
g) Po tym czasie wyjmij blachę do pieczenia z piekarnika, ostudź krakersy gryczane i podawaj.

32. Krakersy z nasionami słonecznika

Na: około 32 krakersy

SKŁADNIKI:
- 1 szklanka surowych ziaren słonecznika
- ½ szklanki startego parmezanu
- ¼ szklanki wody

INSTRUKCJE:

a) Zacznij od rozgrzania piekarnika do 163°C.

b) W robocie kuchennym wymieszaj surowe ziarna słonecznika i starty parmezan. Przetwarzaj, aż uzyskają delikatną konsystencję.

c) Dodać niewielką ilość wody i kilka razy wymieszać, aż powstanie ciasto.

d) Ciasto wyłóż na silikonową matę do pieczenia i przykryj drugą matą silikonową. Za pomocą wałka do ciasta spłaszcz ciasto, aż prawie pokryje powierzchnię maty.

e) Podzielić ciasto na kwadraty lub prostokąty; wydajność wyniesie około 32 krakersów, w zależności od preferowanej wielkości.

f) Piec krakersy przez 25-30 minut lub do momentu, aż staną się twarde.

g) Pozwól krakersom całkowicie ostygnąć, a następnie delikatnie podziel je na pojedyncze kawałki. Przechowuj je w szczelnym pojemniku.

33. Chrupiące krakersy z pestkami dyni

SKŁADNIKI:
- 1 szklanka nasion dyni
- ½ szklanki mąki gryczanej
- 1 łyżeczka soli celtyckiej
- 5 łyżek przefiltrowanej wody
- Opcjonalnie: Twoje ulubione zioła i przyprawy

INSTRUKCJE:
a) Zacznij od dodania pestek dyni, mąki gryczanej i soli celtyckiej do robota kuchennego. Ubijaj pulsacyjnie, aż uzyskasz szorstką konsystencję przypominającą mąkę. Jeśli wolisz smakowe krakersy, możesz na tym etapie dodać także swoje ulubione zioła i przyprawy.
b) Dodaj przefiltrowaną wodę i ponownie wymieszaj, aż ciasto zacznie się łączyć i będzie łatwo się sklejać. Pamiętaj, aby zatrzymać i zeskrobać boki procesora, jeśli to konieczne. Dostosuj konsystencję dodając dodatkową łyżkę wody lub w razie potrzeby więcej mąki gryczanej.
c) Zbierz ciasto rękami w kulę. Ułóż go na blaszce wyłożonej papierem do pieczenia. Za pomocą rąk spłaszcz ciasto, nadając mu kształt mniej więcej kwadratowy.
d) Za pomocą wałka rozwałkuj ciasto na grubość około 0,3 cm. Jeżeli przyklei się do wałka, można go rozwałkować pomiędzy dwoma arkuszami papieru do pieczenia.
e) Za pomocą noża lub noża do pizzy pokrój zwinięte ciasto w pożądane kształty krakersów.
f) Piec w piekarniku nagrzanym do temperatury 150°C (302°F) przez około 40 minut lub do momentu, aż krakersy nabiorą złotobrązowego koloru.
g) Pozostaw krakersy do całkowitego ostygnięcia na blasze do pieczenia.
h) Przechowuj domowe krakersy z pestkami dyni w szczelnym pojemniku, aby móc cieszyć się nimi w przyszłości.

34. Serca konopi i krakersy z mieszanymi nasionami

SKŁADNIKI:

- ½ szklanki serc konopnych
- ½ szklanki nasion słonecznika
- ½ szklanki pestek dyni
- ¼ szklanki nasion sezamu
- ¼ szklanki maku
- ¼ szklanki nasion Chia
- ¼ szklanki nasion lnu
- ½ łyżeczki soli
- 1 szklanka wody
- Sól morska w płatkach do posypania

INSTRUKCJE:

a) Rozgrzej piekarnik do 170°C (340°F).
b) W misce wymieszaj wszystkie nasiona i sól.
c) Dolać wodę i wymieszać do połączenia. Odstaw na 15 minut, aby nasiona chia i siemię lniane zmiękły i związały mieszaninę.
d) Blachę do pieczenia wyłóż papierem pergaminowym. Przenieś mieszaninę nasion na tacę i rozprowadź ją tak cienko, jak to możliwe, starając się uzyskać grubość około 4 mm. Upewnij się, że nie ma dziur. Posyp mieszaninę równomiernie płatkową solą morską.
e) Piec przez 30 minut.
f) Wyjmij blachę z piekarnika i za pomocą noża do pizzy lub noża do masła pokrój arkusz na żądaną wielkość krakersów. Włóż blachę z powrotem do piekarnika i piecz przez dodatkowe 20-30 minut, aż krakersy staną się chrupiące i lekko złociste.
g) Wyjmij blachę z piekarnika i umieść krakersy na kratce do całkowitego wystygnięcia.
h) Po ostygnięciu przechowuj krakersy w szczelnym pojemniku, aż będziesz gotowy, aby się nimi cieszyć.
i) Cieszyć się!

35. Krakersy do kawy

Ilość na: około 45 porcji

SKŁADNIKI:
- ¾ szklanki mąki uniwersalnej
- ¾ szklanki mąki owsianej
- ¼ szklanki) cukru
- 4 łyżki (½ kostki) masła lub margaryny, miękkiej
- ⅓ filiżanki Mocnej kawy parzonej, ostudzonej

INSTRUKCJE:
a) Rozgrzej piekarnik do 163°C (325°F).
b) W dużej misce lub za pomocą robota kuchennego połącz mąkę uniwersalną, mąkę owsianą i cukier.
c) Dodawaj zmiękczone masło, aż mieszanina będzie przypominała gruboziarnisty posiłek.
d) Dodaj mocną zaparzoną kawę i mieszaj, aż mieszanina utworzy ciasto, które będzie trzymać się razem w spójnej kuli.
e) Ciasto podzielić na 2 równe części do wałkowania.
f) Na posypanej mąką powierzchni lub ściereczce rozwałkuj każdą porcję ciasta na grubość około ⅛ cala.
g) Za pomocą ostrego noża lub foremki do ciastek pokrój rozwałkowane ciasto na 2-calowe kształty.
h) Pokrojone krakersy układamy na lekko natłuszczonej lub wyłożonej pergaminem blasze do pieczenia.
i) Nakłuj każdy kraker w 2 lub 3 miejscach za pomocą zębów widelca.
j) Piec w nagrzanym piekarniku przez 12 do 18 minut lub do momentu, aż krakersy nabiorą średniobrązowego koloru.
k) Wyjmij krakersy kawowe z piekarnika i pozostaw je do ostygnięcia na metalowej kratce.
l) Te krakersy kawowe to wyjątkowy i zachwycający przysmak o wyraźnym smaku świeżo parzonej kawy. Można je spożywać jako wszechstronną przekąskę lub podawać przy różnych okazjach, od brunchu po deser. Cieszyć się!

36. Krakersy z przyprawami Chai

SKŁADNIKI:

- 1 szklanka mąki uniwersalnej (120g)
- 1 łyżka sproszkowanych liści czarnej herbaty (z torebek)
- ½ łyżeczki mielonego cynamonu
- ¼ łyżeczki mielonego kardamonu
- ¼ łyżeczki mielonego imbiru
- ¼ łyżeczki proszku do pieczenia
- ¼ łyżeczki soli
- 2 łyżki niesolonego masła, zimnego i pokrojonego w kostkę
- ¼ szklanki mleka (60 ml)

INSTRUKCJE:

a) Rozpocznij od rozgrzania piekarnika do 180°C (350°F).

b) W misce wymieszaj mąkę uniwersalną, sproszkowane liście czarnej herbaty, mielony cynamon, mielony kardamon, mielony imbir, proszek do pieczenia i sól. Mieszaj suche składniki, aż zostaną dobrze wymieszane.

c) Dodaj zimne, pokrojone w kostkę, niesolone masło do mieszanki suchych składników.

d) Użyj noża do ciasta lub palców, aby wmieszać masło w mieszaninę mąki, aż będzie przypominać grube okruchy. Ten krok może zająć kilka minut.

e) Do powstałej masy wlać mleko i mieszać, aż powstanie ciasto. Ciasto powinno się połączyć i być lekko klejące.

f) Na posypanej mąką powierzchni rozwałkuj ciasto na cienki, równy arkusz. Można do tego celu użyć wałka do ciasta. Staraj się uzyskać grubość około ⅛ cala.

g) Użyj foremek do ciastek lub noża, aby pociąć ciasto na pożądane kształty krakersów. Tak wykrojone kawałki układamy na blasze wyłożonej papierem do pieczenia.

h) Włóż blachę do pieczenia do nagrzanego piekarnika i piecz przez około 10-12 minut lub do momentu, aż krakersy staną się złotobrązowe. Należy je uważnie obserwować, ponieważ czas pieczenia może się różnić w zależności od grubości.

i) Po upieczeniu wyjmij krakersy z piekarnika i pozostaw je do całkowitego ostygnięcia na metalowej kratce. Gdy ostygną, staną się bardziej chrupiące.

37. Krakersy Matcha

Sprawia: 3

SKŁADNIKI:

- 1 ½ szklanki mąki uniwersalnej
- 1 łyżka Matcha klasy kulinarnej Aiya
- 1 łyżeczka cukru
- 1 łyżeczka soli
- ½ łyżki oliwy z oliwek
- 2 łyżki masła, roztopionego
- ½ szklanki wody

INSTRUKCJE:

a) Rozgrzej piekarnik do 450°F (230°C).
b) W misce przesiać mąkę, matchę, cukier i sól.
c) Do suchych składników powoli dodajemy oliwę z oliwek, roztopione masło i wodę. Mieszaj, aż powstanie miękkie ciasto. Jeśli na dnie nadal znajdują się suche płatki, dodawaj po łyżeczce wody, aż do całkowitego połączenia.
d) Ciasto podzielić na pół i z każdej części uformować dwie duże kostki.
e) Na posypanej mąką powierzchni rozwałkuj jedną z kostek ciasta na grubość ⅛ cala lub cieńszą. Uzyskanie odpowiedniej grubości jest kluczowe, aby krakersy podczas pieczenia stały się chrupiące.
f) Jeśli ciasto się skurczy, odstaw je na kilka minut, a następnie równomiernie rozwałkuj.
g) Z rozwałkowanego ciasta wycinamy pożądane kształty krakersów.
h) Lekko posmaruj wierzch krakersów wodą i posyp każdy krakers szczyptą soli.
i) Piecz krakersy w nagrzanym piekarniku przez 13-14 minut lub do momentu, aż krawędzie staną się lekko złotobrązowe.
j) Po upieczeniu posyp krakersy serem ricotta i pokrojonymi truskawkami, aby uzyskać pyszną przekąskę.

38. Krakersy Mokka

SKŁADNIKI:

- 1 Mąkę o wszechstronnym przeznaczeniu
- 2 łyżki niesłodzonego kakao w proszku
- 2 łyżki granulatu kawy rozpuszczalnej
- ½ szklanki niesolonego masła, zimnego i pokrojonego w kostkę
- ½ szklanki cukru pudru
- ¼ łyżeczki soli
- ½ łyżeczki ekstraktu waniliowego
- ¼ szklanki mini kawałków czekolady (opcjonalnie)
- Cukier puder do posypania (opcjonalnie)

INSTRUKCJE:

a) W robocie kuchennym połącz mąkę uniwersalną, niesłodzone kakao w proszku i granulki kawy rozpuszczalnej. Pulsuj kilka razy, aby je wymieszać.

b) Dodaj zimne, pokrojone w kostkę, niesolone masło do robota kuchennego. Pulsuj, aż mieszanina będzie przypominać grube okruchy.

c) Do robota kuchennego dodaj cukier puder, sól i ekstrakt waniliowy.

d) Ponownie wymieszaj, aż mieszanina połączy się w ciasto. Jeśli używasz mini kawałków czekolady, możesz dodać je na tym etapie i jeszcze kilka razy zmiksować, aby równomiernie rozprowadzić je w cieście.

e) Wyrośnięte ciasto wyłóż na blat posypany mąką i zagniataj kilka razy, aż powstanie gładka kula. Ciasto podzielić na pół i z każdej połówki uformować wałek o średnicy około 4 cm.

f) Owiń kawałki ciasta w folię i przechowuj w lodówce przez co najmniej 1 godzinę lub do momentu, aż będą twarde.

g) Rozgrzej piekarnik do 175°C i wyłóż blachę do pieczenia papierem pergaminowym.

h) Wyjmij wałeczki ciasta z lodówki i pokrój je w krążki o grubości ¼ cala (0,6 cm). Ułóż krążki na przygotowanej blasze do pieczenia, zachowując odstępy około 2,5 cm od siebie.

i) Piec w nagrzanym piekarniku przez 12-15 minut lub do momentu, aż brzegi krakersów zaczną nabierać złotobrązowego koloru.

j) Wyjmij krakersy z piekarnika i pozostaw je na kilka minut na blasze do pieczenia, a następnie przenieś je na metalową kratkę, aby całkowicie ostygły.

k) W razie potrzeby posyp ostudzone krakersy mokka cukrem pudrem, aby uzyskać efekt dekoracyjny.

39. Krakersy z kaszy gryczanej i rozmarynu

SKŁADNIKI:

- 140g mąki gryczanej (1 szklanka)
- 100 g mielonych migdałów (1 szklanka)
- 1 łyżka zmielonego siemienia lnianego
- 1 łyżeczka soli morskiej
- Czarny pieprz do smaku
- 1-2 łyżeczki posiekanego świeżego rozmarynu
- 2 łyżki oliwy z oliwek
- 95ml wody (⅓ szklanki + 1 łyżka stołowa)

INSTRUKCJE:

a) Rozgrzej piekarnik do 200°C (z termoobiegiem 180°C). Przygotuj dwie blachy do pieczenia.
b) W misce wymieszaj mąkę gryczaną, mielone migdały, siemię lniane, sól morską, czarny pieprz i posiekany rozmaryn. Odłóż tę suchą mieszaninę na bok.
c) Oliwę zmieszaj z wodą i dodaj do suchych składników.
d) Całość zagniatamy na ciasto i wyrabiamy na blacie, aż będzie gładkie. Konsystencję ciasta można regulować dodając odrobinę wody lub mąki. Powinno być gładkie, nie lepkie ani zbyt suche.
e) Ciasto podzielić na dwie równe części.
f) Weź jedną porcję i umieść ją pomiędzy dwoma arkuszami natłuszczonego papieru do pieczenia. Rozwałkuj go na grubość około 2 mm.
g) Usuń górną warstwę papieru do pieczenia i pokrój ciasto na 16 klinów, podobnie jak kroi się pizzę. Za pomocą widelca nakłuj każdy krakers kilka razy.
h) Pokrojone krakersy przełóż na blachę do pieczenia, zachowując dolną warstwę papieru.
i) Piec w nagrzanym piekarniku przez 10-15 minut. Uważnie obserwuj krakersy, ponieważ zewnętrzne krawędzie mają tendencję do szybszego pieczenia. Być może trzeba będzie je zmienić, aby zapewnić równomierne pieczenie.
j) Powtórzyć proces wałkowania i krojenia z drugą porcją ciasta.
k) Przechowuj krakersy w szczelnym pojemniku maksymalnie przez tydzień.
l) Rozkoszuj się pysznymi, bezglutenowymi i wegańskimi krakersami z kaszy gryczanej i rozmarynu z ulubionym dipem lub samodzielnie.

40. Chrupiące krakersy ryżowe

SKŁADNIKI:

- 1 szklanka mąki ryżowej (250 gramów)
- ½ szklanki mąki uniwersalnej
- Sól dla smaku
- 1 łyżka płatków czerwonego chilli
- Garść drobno posiekanych liści kolendry lub pietruszki
- 1 ½ łyżeczki prażonych białych nasion sezamu
- 1 łyżeczka nasion kopru włoskiego lub karomu
- 1 łyżka prażonych nasion kminku
- Olej do smażenia w głębokim tłuszczu (według uznania) plus 2 łyżki do ciasta
- Woda według potrzeby (do zagniecenia ciasta)

INSTRUKCJE:

a) W misce wymieszaj 1 szklankę mąki ryżowej i ½ szklanki mąki uniwersalnej.
b) Do miski dodać sól do smaku i wszystkie pozostałe składniki oprócz wody i oleju.
c) Wszystkie suche składniki mieszamy, aż dobrze się połączą.
d) Do masy wlać 2 łyżki oleju i wymieszać do uzyskania kruszonki.
e) Stopniowo dodawaj wodę do mieszanki i ugniataj, aż powstanie sztywne ciasto.
f) Przykryj ciasto i odstaw na 15 minut.
g) Po odpoczynku podzielić ciasto na 3 równe części.
h) Rozgrzej olej do głębokiego smażenia i odłóż na bok.
i) Jedną część ciasta cienko rozwałkować. Z rozwałkowanego ciasta możesz wycinać małe kawałki za pomocą foremek lub foremek.
j) Powtórz tę samą procedurę z pozostałymi porcjami ciasta.
k) Smażyć wycięte kawałki partiami, na małym lub średnim ogniu, aż staną się jasnobrązowe.
l) Połóż smażone krakersy ryżowe na chłonnym papierze, aby usunąć nadmiar oleju.
m) Pozwól krakersom ryżowym całkowicie ostygnąć. Po ostygnięciu przechowuj je w szczelnym pojemniku.
n) Te domowe chrupiące krakersy ryżowe są idealne do delektowania się ulubioną filiżanką herbaty lub jako satysfakcjonująca przekąska do przeżuwania.

41. Krakersy z dzikiego ryżu

Na: około 30+ małych krakersów

SKŁADNIKI:
- 1 szklanka mąki z dzikiego ryżu
- 3 szklanki wody
- ½ łyżeczki soli koszernej
- 2 łyżki oleju (np. słonecznikowego)

INSTRUKCJE:
a) W rondlu zagotuj 3 szklanki wody i ½ łyżeczki soli koszernej.
b) Wymieszaj mąkę z dzikiego ryżu, ciągle mieszając szpatułką, aż powstanie gęsta pasta.
c) Do mieszanki dodaj olej (np. olej słonecznikowy).
d) Pozostaw mieszaninę do ostygnięcia z pokrywką na górze.
e) Rozgrzej piekarnik do 150°C (300°F).
f) Używając silikonowej maty do pieczenia lub papieru pergaminowego, rozwałkuj porcje ciasta na krakersy wielkości łyżeczki. Każdą porcję spłaszcz na małe krążki.
g) Połóż spłaszczone krążki ciasta na blasze do pieczenia.
h) Piecz krakersy w nagrzanym piekarniku przez około 45 minut lub do momentu, aż staną się chrupiące i ugotowane.
i) Pozwól krakersom całkowicie ostygnąć.
j) Schłodzone krakersy przechowuj w szczelnym pojemniku, aby zachować świeżość.
k) W razie potrzeby krakersy można odświeżyć, delikatnie opiekając je w niskim piekarniku.

42. Krakersy Falafel

Sprawia: Około 5 tuzinów

SKŁADNIKI:
Ciasto:
- ¾ szklanki (170 g) maślanki
- 2 łyżki (32g) tahini
- 1 ¾ szklanki (210 g) niebielonej mąki uniwersalnej
- ½ szklanki (43 g) mąki z ciecierzycy
- 1 łyżka stołowa (14g) cukru kryształu
- 1 łyżeczka soli koszernej lub ¾ łyżeczki zwykłej soli
- 1 łyżka (7g) kminku
- ¼ łyżeczki ziela angielskiego
- 8 łyżek (113 g) niesolonego masła, zimnego, pokrojonego w kostkę ¼".
- ¼ szklanki (39g) żółtej mąki kukurydzianej (do posypania)

Byczy:
- 1 łyżeczka soli koszernej
- 2 łyżki (18g) nasion sezamu

INSTRUKCJE:
Aby zrobić ciasto:

a) W małej misce wymieszaj maślankę i tahini. Odłożyć na bok.

b) W misie miksera wyposażonego w przystawkę do łopatek wymieszaj mąkę uniwersalną, mąkę z ciecierzycy, cukier granulowany, sól, kminek, ziele angielskie i zimne masło pokrojone w kostkę. Mieszaj, aż masło będzie bardzo małe.

c) Dodaj na raz mieszaninę maślanki i tahini i mieszaj, aż powstanie mokre ciasto.

Aby złożyć i schłodzić:

d) Blachę do pieczenia wyłóż papierem pergaminowym. Ciasto podzielić na ćwiartki i pracować z jedną ćwiartką na raz, resztę przechowywać w lodówce.

e) Na posypanej mąką powierzchni roboczej rozwałkuj jedną porcję ciasta na prostokąt o wymiarach około 12 x 13 cali i grubości 1/16 cala. Posyp pergamin na blasze do pieczenia 1 łyżką mąki kukurydzianej.

f) Rozwałkowane ciasto przełożyć na przygotowaną blachę do pieczenia, na wierzch położyć kolejny arkusz pergaminu i posypać kolejną łyżką mąki kukurydzianej.

g) Powtórz ten proces z pozostałymi porcjami ciasta, ułóż je na pergaminie posypanym mąką kukurydzianą i ułóż je na blasze do pieczenia. Po zakończeniu owiń blachę do pieczenia folią i wstaw do lodówki na co najmniej 4 godziny lub na noc.

Piec:

h) Rozgrzej piekarnik do 350°F.
i) Weź jeden arkusz pergaminu z ciastem i połóż go na pustej blasze do pieczenia. Całe ciasto nakłuj widelcem. Lekko posmaruj wodą i posyp ¼ łyżeczki soli koszernej i 1 ½ łyżeczki nasion sezamu. Za pomocą linijki i noża do pizzy pokrój ciasto na kwadraty o boku około 3 cali.
j) Piecz krakersy przez 6 minut, następnie obróć patelnię i piecz przez dodatkowe 6 do 7 minut, aż lekko się zarumienią.
k) Wyjmij z piekarnika i ostudź na kratce przed podzieleniem na pojedyncze krakersy.
l) Powtórzyć proces pieczenia z pozostałymi arkuszami ciasta.
m) Przechowuj krakersy w chłodnym, suchym miejscu w szczelnym pojemniku przez okres do 2 tygodni.
n) Te domowe krakersy falafelowe o zachwycającym smaku przypraw falafelowych i tahini to przysmak inspirowany kuchnią Bliskiego Wschodu, który szybko znika po upieczeniu. Ciesz się nimi jako przekąską lub z ulubionymi dipami!

43. Japońskie krakersy ryżowe Senbei

SKŁADNIKI:
- 2 łyżki oleju roślinnego
- 4 łyżki wody
- 40 g ugotowanego białego ryżu
- ½ łyżeczki soli morskiej
- 120 g mąki ryżowej (lub mochiko)

DO SZKLIWIENIA:
- 2 łyżeczki mirinu
- 1 łyżka sosu sojowego

DODATKI:
- 2 łyżeczki mieszanki czerwonej papryczki chili
- Arkusze z wodorostów Nori
- 3 łyżeczki czarnego sezamu
- 5 łyżek przyprawy do ryżu furikake

INSTRUKCJE:
a) Rozgrzej piekarnik do 190 stopni Celsjusza.
b) Przygotować glazurę, mieszając sos sojowy i mirin.
c) W misce wymieszaj ugotowany biały ryż, wodę, mąkę ryżową, sól i olej roślinny, aby uformować ciasto. Mieszaj, aż składniki dokładnie się połączą.
d) Umieść mieszaninę ciasta na czystej powierzchni i możesz dodać do niej wybrane dodatki.
e) Rozwałkuj ciasto na cienki krążek. Można użyć wałka do ciasta lub rąk. Powinien być tak cienki, jak to możliwe.
f) Usuń plastik z krążka ciasta i umieść go na blasze do pieczenia wyłożonej papierem pergaminowym.
g) Piec krakersy w nagrzanym piekarniku przez 8-10 minut, po jednej blaszce na raz.
h) Po pierwszym upieczeniu za pomocą szpatułki ostrożnie obróć krakersy na drugą stronę.
i) Kontynuuj pieczenie przez kolejne 8-10 minut lub do momentu, aż krakersy zaczną nabierać złotobrązowego koloru.
j) Posmaruj wierzch krakersów glazurą (mieszanką sosu sojowego i mirinu).
k) Włóż krakersy do piekarnika i piecz przez kolejne 10 minut lub do momentu, aż dobrze się zarumienią.

l) Przed podaniem pozwól krakersom całkowicie ostygnąć na metalowej kratce.

44. Krakersy kukurydziane i czarnego pieprzu

Na: 36 krakersów

SKŁADNIKI:

- Masło na pergamin plus 3 łyżki niesolonego masła (roztopionego)
- ½ szklanki średnio zmielonej mąki kukurydzianej
- ½ szklanki mąki uniwersalnej
- 1 ½ łyżeczki cukru
- 1 ½ łyżeczki proszku do pieczenia
- ¾ łyżeczki grubo mielonego czarnego pieprzu
- ¼ łyżeczki soli koszernej
- ¾ szklanki mleka
- 1 duże jajko

INSTRUKCJE:

a) Rozgrzej piekarnik do 425 stopni Fahrenheita.
b) Wyłóż 3 blachy do pieczenia papierem pergaminowym, a następnie posmaruj papier pergaminem lub użyj nieprzywierających papilotek.
c) Do dużej miski przesiej mąkę kukurydzianą, mąkę, cukier, proszek do pieczenia, grubo zmielony czarny pieprz i sól koszerną.
d) W osobnej misce ubić mleko z dużym jajkiem. Dodaj tę mieszaninę do suchych składników na raz i mieszaj, aż ciasto będzie wolne od grudek. Wmieszać roztopione masło.
e) Na przygotowaną blachę do pieczenia nakładać łyżką ciasto.
f) Piec krakersy w nagrzanym piekarniku, aż krawędzie staną się ciemnozłote, co powinno zająć około 10 do 15 minut.

45. Krakersy cytrynowe

Ilość: Około 1 porcji

SKŁADNIKI:
- 2 ½ szklanki cukru
- 1 szklanka tłuszczu
- 2 łyżki amoniaku Bakers
- 1 łyżeczka olejku cytrynowego
- 2 jajka
- 2 łyżki mleka (nowe)
- 1 litr mleka (nowe)
- Mąka

INSTRUKCJE:
a) Rozpocznij od namoczenia amoniaku piekarskiego przez noc w kuflu mleka.
b) W osobnej misce oddzielnie ubić jajka, a do żółtek dodać 2 łyżki mleka.
c) W dużej misce wymieszaj cukier, tłuszcz piekarski, namoczony amoniak, olej cytrynowy i ubite jajka z mlekiem.
d) Stopniowo dodawaj tyle mąki, żeby ciasto było sztywne.
e) Ciasto rozwałkować cienko i dobrze nakłuć widelcem.
f) Piec, ale w oryginalnym przepisie nie jest podana konkretna temperatura ani czas pieczenia. Możesz spróbować upiec je w temperaturze 220°C, aż staną się złotobrązowe. Obserwuj je, aby zapobiec nadmiernemu pieczeniu.
g) Te krakersy cytrynowe, choć brakuje im szczegółowych instrukcji dotyczących temperatury i czasu, są wyjątkową ucztą o cytrynowym smaku.
h) Eksperymentuj z czasem i temperaturą pieczenia, aby uzyskać pożądaną konsystencję i kolor.

46. Krakersy z suszonych owoców i orzechów

Na: 65 krakersów

SKŁADNIKI:
- 1 szklanka mąki uniwersalnej
- 2 łyżki brązowego cukru
- ¾ szklanki pokrojonych w kostkę śliwek
- ½ szklanki orzechów pekan
- ½ szklanki pestek dyni
- 2 łyżeczki nasion chia
- 2 łyżeczki nasion sezamu
- 1 łyżeczka drobno posiekanego świeżego rozmarynu
- ½ łyżeczki skórki pomarańczowej
- 1 łyżeczka sody oczyszczonej
- ½ łyżeczki soli
- 1 szklanka mleka
- Sól gruboziarnista (do posypania)

INSTRUKCJE:
a) Rozgrzej piekarnik do 180°C (350°F).
b) W dużej misce wymieszaj wszystkie składniki oprócz mleka. Gdy wszystko się połączy, dodajemy mleko i wyrabiamy ciasto.
c) Nasmaruj foremki na mini bochenek sprayem do gotowania i napełnij je ciastem, wypełniając każdą formę do około dwóch trzecich wysokości. (Dla porównania użyj foremek na bochenek o wymiarach około 6 x 3½ x 2¼ cala.)
d) Piec przez 25-40 minut lub do momentu, aż krakersy staną się twarde. Dokładny czas pieczenia może się różnić w zależności od wielkości foremek. Pieczenie moich mini keksówek zajęło około 30 minut.
e) Upieczone bochenki pozostawić do ostygnięcia na 10-15 minut, następnie włożyć je do zamrażarki na 30-60 minut. Alternatywnie możesz pozwolić im ostygnąć w temperaturze pokojowej, chociaż może to zająć kilka godzin.
f) Gdy bochenki całkowicie ostygną, rozgrzej piekarnik do 160°C i ostrożnie wyjmij upieczone bochenki z foremek.
g) Za pomocą ostrego ząbkowanego noża pokrój każdy bochenek na cienkie plasterki o grubości około ⅛ do 1/16 cala.

h) Połóż pokrojone krakersy na drucianej kratce ustawionej na wyłożonej blachą blasze i posyp lub zmiel grubą solą na wierzchu.
i) Piec 25-30 minut. Jeśli nie używasz drucianej kratki do pieczenia, piecz przez 15 minut, następnie odwróć krakersy i piecz przez dodatkowe 10-15 minut.
j) Pozwól krakersom ostygnąć; będą nadal chrupiące po ochłodzeniu.

47. Krakersy owocowe żurawinowo-pomarańczowe

SKŁADNIKI:
- 1 szklanka mąki uniwersalnej (120g)
- 2 łyżki brązowego cukru
- ½ szklanki suszonej żurawiny (70g)
- ¼ szklanki posiekanych orzechów pekan (30g)
- 1 łyżeczka skórki pomarańczowej
- ½ łyżeczki sody oczyszczonej
- ¼ łyżeczki soli
- ¼ szklanki soku pomarańczowego (60ml)
- 2 łyżki roztopionego, niesolonego masła

INSTRUKCJE:
a) Rozgrzej piekarnik do 180°C (350°F).
b) W misce wymieszaj mąkę, brązowy cukier, suszoną żurawinę, posiekane orzechy pekan, skórkę pomarańczową, sodę oczyszczoną i sól.
c) Do suchych składników dodać sok pomarańczowy i roztopione masło. Mieszaj, aż powstanie ciasto.
d) Rozwałkuj ciasto na cienki prostokąt na posypanej mąką powierzchni.
e) Ciasto pokroić na małe kawałki wielkości krakersa i ułożyć je na blasze do pieczenia.
f) Piec przez 15-20 minut lub do momentu, aż krakersy staną się złotobrązowe.
g) Pozwól im ostygnąć przed podaniem.

48. Krakersy z figami i orzechami włoskimi

SKŁADNIKI:

- 1 szklanka mąki pełnoziarnistej (120g)
- 2 łyżki miodu
- ½ szklanki suszonych fig, drobno posiekanych (70g)
- ¼ szklanki posiekanych orzechów włoskich (30g)
- ½ łyżeczki proszku do pieczenia
- ¼ łyżeczki soli
- ¼ szklanki mleka (60 ml)
- 2 łyżki oliwy z oliwek

INSTRUKCJE:

a) Rozgrzej piekarnik do 180°C (350°F).
b) W misce wymieszaj mąkę pełnoziarnistą, miód, suszone figi, posiekane orzechy włoskie, proszek do pieczenia i sól.
c) Do suchych składników dodać mleko i oliwę z oliwek. Mieszaj, aż powstanie ciasto.
d) Rozwałkuj ciasto na cienki prostokąt na posypanej mąką powierzchni.
e) Ciasto pokroić na małe kawałki wielkości krakersa i ułożyć je na blasze do pieczenia.
f) Piec przez 15-20 minut lub do momentu, aż krakersy staną się złotobrązowe.
g) Pozwól im ostygnąć przed podaniem.

49. Krakersy z owocami mango i kokosem

SKŁADNIKI:
- 1 szklanka mąki kokosowej (120g)
- 2 łyżki miodu
- ½ szklanki suszonego mango, drobno posiekanego (70g)
- ¼ szklanki wiórków kokosowych (30g)
- ½ łyżeczki proszku do pieczenia
- ¼ łyżeczki soli
- ¼ szklanki mleka kokosowego (60ml)
- 2 łyżki roztopionego oleju kokosowego

INSTRUKCJE:
a) Rozgrzej piekarnik do 180°C (350°F).
b) W misce wymieszaj mąkę kokosową, miód, suszone mango, wiórki kokosowe, proszek do pieczenia i sól.
c) Do suchych składników dodać mleko kokosowe i roztopiony olej kokosowy. Mieszaj, aż powstanie ciasto.
d) Rozwałkuj ciasto na cienki prostokąt na posypanej mąką powierzchni.
e) Ciasto pokroić na małe kawałki wielkości krakersa i ułożyć je na blasze do pieczenia.
f) Piec przez 15-20 minut lub do momentu, aż krakersy staną się złotobrązowe.
g) Pozwól im ostygnąć przed podaniem.

50. Krakersy z jabłkiem Cheddar

SKŁADNIKI:

- ¼ szklanki liofilizowanych jabłek
- ¾ szklanki mąki uniwersalnej
- ¼ szklanki niesolonego masła w temperaturze pokojowej
- 1 łyżeczka soli
- 8 uncji ostrego sera Cheddar, posiekanego
- 2-3 łyżki lodowatej wody

INSTRUKCJE:

a) Zacznij od zmielenia liofilizowanych jabłek w robocie kuchennym, blenderze lub młynku do kawy, aż staną się bardzo drobne. W średniej misce wymieszaj je z mąką, aż dobrze się połączą.

b) W misie miksera wyposażonego w przystawkę do łopatek połącz pokruszony ser, masło o temperaturze pokojowej i sól na niskiej prędkości, aż zostaną dobrze połączone. Dodaj mąkę i mieszaninę jabłek i mieszaj na niskich obrotach, aż kawałki mieszanki będą mniej więcej wielkości groszku.

c) Powoli dodawaj do mieszanki 2 łyżki lodowatej wody i kontynuuj mieszanie, aż ciasto uformuje się w kulę. Jeśli to konieczne, małymi porcjami dodawaj dodatkową łyżkę wody, aż ciasto się połączy.

d) Z ciasta uformuj dysk, owiń go folią spożywczą i włóż do lodówki na 1 godzinę.

e) Rozgrzej piekarnik do 190 stopni C (375 stopni F). Dwie blachy do pieczenia wyłóż papierem pergaminowym.

f) Schłodzone ciasto podzielić na dwie równe części i każdą rozwałkować na bardzo cienki prostokąt o wymiarach 10 x 12 cali.

g) Za pomocą noża do pizzy pokrój prostokąty na 1-calowe kwadraty i ostrożnie przenieś je na przygotowane blachy do pieczenia.

h) Piec w nagrzanym piekarniku przez 15 do 17 minut lub do momentu, aż krakersy się napęcznieją i zaczną brązowieć na brzegach.

WAFLE

51. Walentynkowe ciasteczka waflowe z cukrem

SKŁADNIKI:
WAFERKI RÓŻOWE CUKROWE:
- 1 szklanka niesolonego masła, zmiękczonego
- 1 szklanka granulowanego cukru
- 1 duże jajko
- 2 łyżeczki ekstraktu waniliowego
- Różowy barwnik spożywczy (w żelu lub płynie)
- 2 ½ szklanki mąki uniwersalnej
- ½ łyżeczki proszku do pieczenia
- Szczypta soli
- Posypka lub kolorowy cukier do dekoracji (opcjonalnie)

DODATKI:
- Candy Melts w wybranych kolorach (biały, różowy i czerwony)
- Posypki według własnego wyboru

INSTRUKCJE:
WAFERKI RÓŻOWE CUKROWE:

a) W misce miksującej utrzyj miękkie, niesolone masło i granulowany cukier, aż masa będzie jasna i puszysta.

b) Do mieszanki masła i cukru dodaj jajko i ekstrakt waniliowy. Mieszaj, aż dobrze się połączą.

c) Dodaj różowy barwnik spożywczy, aby uzyskać pożądany odcień różu. Zacznij od kilku kropli i dostosowuj w razie potrzeby, aż osiągniesz pożądany kolor. Dobrze wymieszaj, aby równomiernie rozprowadzić kolor.

d) W osobnej misce wymieszaj mąkę uniwersalną, proszek do pieczenia i szczyptę soli.

e) Stopniowo dodawaj suche składniki do mokrych, mieszaj, aż powstanie miękkie ciasto. Jeżeli ciasto jest zbyt klejące, można dodać odrobinę więcej mąki.

f) Podziel różowe ciasto na dwie równe części. Z każdej porcji uformuj wałek, zawiń go w folię i wstaw do lodówki na co najmniej 1 godzinę lub do momentu, aż ciasto będzie twarde.

g) Rozgrzej piekarnik do 175°C i wyłóż blachę do pieczenia papierem pergaminowym.

h) Wyjmij jeden z wałów ciasta z lodówki i pokrój go w cienkie krążki o grubości około ¼ cala. Jeśli wolisz, możesz użyć foremek do ciastek, aby stworzyć różne kształty.

i) Ułóż okrągłe lub kształtne ciasteczka na przygotowanej blasze do pieczenia, pozostawiając między nimi trochę odstępu.

j) W razie potrzeby posyp ciasteczka kolorowym cukrem lub posypką dla dodatkowej dekoracji.

k) Piec w nagrzanym piekarniku przez 8-10 minut lub do momentu, aż brzegi ciasteczek staną się lekko złociste. Obserwuj je, aby zapobiec nadmiernemu pieczeniu.

l) Wyjmij ciasteczka z piekarnika i pozostaw je do ostygnięcia na metalowej kratce. W miarę ostygnięcia będą nadal twardnieć.

m) Powtórzyć proces krojenia i pieczenia z pozostałym kawałkiem ciasta.

n) Gdy ciasteczka całkowicie ostygną, możesz cieszyć się domowymi różowymi ciasteczkami waflowymi!

DODATKI:

o) W misce, którą można używać w kuchence mikrofalowej, rozpuść cukierki zgodnie z instrukcją na opakowaniu.

p) Zanurz jeden koniec ciasteczka waflowego w roztopionej czekoladzie, upewniając się, że jest obficie pokryty.

q) Natychmiast posyp wybraną posypką pokryty czekoladą koniec ciasteczka. Można posypać nimi górę i obie strony, ale nie spód, aby mieć pewność, że leżą płasko.

r) Ułóż maczane i posypane ciasteczka na papierze pergaminowym lub folii aluminiowej, aby mogły ostygnąć i stwardnieć.

s) Pozwól ciasteczkom całkowicie ostygnąć, zanim rozkoszujesz się tymi wspaniałymi walentynkowymi ciasteczkami waflowymi!

52. Wafle z brązowego cukru

Ilość: 6 wafli

SKŁADNIKI:
- 250 g mąki
- 150 g brązowego cukru
- 100 g masła
- 2g proszku do pieczenia
- 1 jajko

INSTRUKCJE:

a) W misce wymieszaj mąkę, brązowy cukier, masło, proszek do pieczenia i jajko. Mieszaj, aż wszystkie składniki połączą się i utworzą ciasto.

b) Po wyrobieniu ciasta przykryj miskę folią lub ręcznikiem kuchennym i odstaw w chłodne miejsce na 2 godziny. Ten czas odpoczynku pozwala, aby smaki się połączyły, a ciasto stwardniało.

c) Po 2-godzinnym okresie odpoczynku rozgrzej patelnię lub patelnię z powłoką nieprzywierającą na średnim ogniu.

d) Ciasto podzielić na 4 równe części, z każdej uformować małą kulkę wielkości mniej więcej śliwki.

e) Każdą kulkę ciasta spłaszcz dłonią, tworząc cienkie wafle.

f) Spłaszczone wafle układamy na rozgrzanej patelni lub patelni grillowej. Smaż przez około 3 minuty z każdej strony lub do momentu, aż staną się złotobrązowe i chrupiące. Pamiętaj, aby mieć na nie oko, ponieważ czas gotowania może się różnić w zależności od źródła ciepła.

g) Gdy wafle zostaną ugotowane do pożądanego poziomu chrupkości, zdejmij je z patelni i pozostaw do ostygnięcia na drucianej kratce.

h) Ciesz się domowymi waflami z brązowego cukru jako wspaniałą ucztą lub przekąską. Świetnie komponują się z filiżanką herbaty lub kawy.

53. Meksykańskie batoniki waflowe z cukrem

SKŁADNIKI:
WAFLE:
- 1 Mąkę o wszechstronnym przeznaczeniu
- ½ szklanki granulowanego cukru
- ¼ szklanki niesolonego masła, miękkiego
- ¼ szklanki mleka
- ½ łyżeczki ekstraktu waniliowego
- ¼ łyżeczki mielonego cynamonu (dla meksykańskiego charakteru)
- Szczypta soli

DO SKORUPY:
- 5 łyżek roztopionego masła
- ¼ szklanki) cukru

DO WYPEŁNIENIA:
- 2 (8-uncjowe) opakowania serka śmietankowego, temperatura pokojowa
- ¼ szklanki soku z cytryny
- 1 łyżeczka ekstraktu waniliowego
- 1 (14 uncji) puszka słodzonego skondensowanego mleka

INSTRUKCJE:
WAFLE:
a) W misce wymieszaj miękkie, niesolone masło i granulowany cukier. Utrzyj je razem, aż uzyskasz gładką i puszystą konsystencję.
b) Do masy maślano-cukrowej dodać mleko i ekstrakt waniliowy. Kontynuuj mieszanie, aż wszystko się dobrze połączy.
c) W osobnej misce przesiej mąkę uniwersalną, mielony cynamon i szczyptę soli.
d) Stopniowo dodawaj suche składniki do mokrych składników. Mieszaj, aż uzyskasz gładkie ciasto. Jeżeli ciasto jest zbyt klejące, można dodać odrobinę więcej mąki.
e) Z ciasta uformuj kulę, zawiń ją w folię i włóż do lodówki na około 30 minut do godziny. Ułatwi to pracę.
f) Rozgrzej piekarnik do 175°C i wyłóż blachę do pieczenia papierem pergaminowym.
g) Rozwałkuj schłodzone ciasto na lekko posypanej mąką powierzchni do pożądanej grubości. Meksykańskie ciasteczka waflowe są zazwyczaj cienkie, dlatego staraj się mieć grubość około ⅛ cala.
h) Do wycinania ciasteczek użyj foremki do ciastek w kształcie serca lub dowolnego innego kształtu.
i) Wycięte ciasteczka układamy na przygotowanej blaszce, zachowując odstępy między nimi.
j) Piec w nagrzanym piekarniku przez około 10-12 minut lub do momentu, aż krawędzie staną się lekko złociste. Należy je uważnie obserwować, aby uniknąć nadmiernego pieczenia.
k) Wyjmij ciasteczka z piekarnika i pozwól im ostygnąć na metalowej kratce. Po ochłodzeniu będą nadal chrupać.

DO SKORUPY:
l) W robocie kuchennym lub umieszczając meksykańskie ciasteczka waflowe w zamykanej na zamek plastikowej torbie i za pomocą wałka do ciasta miażdż wafle, aż otrzymasz 2 filiżanki pokruszonych wafli.
m) W misce wymieszaj pokruszone wafle, roztopione masło i cukier. Mieszaj, aż dobrze się połączą.
n) Mocno wciśnij mieszaninę na dno 8-calowej kwadratowej patelni, lekko podnosząc ją po bokach.
o) Schłodź skórkę w lodówce, aż będziesz gotowy ją wypełnić.

DO WYPEŁNIENIA:

p) Używając miksera elektrycznego, ubijaj ser śmietankowy, aż stanie się gładki.
q) Gdy mikser pracuje na niskich obrotach, stopniowo dodawaj słodzone mleko skondensowane, w razie potrzeby zdrapując boki miski.
r) Ubijaj sok z cytryny i ekstrakt waniliowy, aż nadzienie dobrze się połączy i będzie gładkie.
s) Wyjmij schłodzony spód z lodówki i polej go przygotowanym nadzieniem.
t) Pokrusz dodatkowe meksykańskie ciasteczka waflowe na wierzch nadzienia, aby dodać tekstury i smaku.
u) Przykryj patelnię plastikową folią i włóż do lodówki, aby schłodziła się, aż masa będzie twarda. Zwykle zajmuje to około 3 godzin.
v) Gdy batony stwardnieją, pokrój je w kwadraty i podawaj.

54. Wafle cukrowe oblane białą czekoladą

Na: 40-60 wafli
SKŁADNIKI:
NA WAFLE:
- 1 Mąkę o wszechstronnym przeznaczeniu
- ½ szklanki granulowanego cukru
- ¼ szklanki niesolonego masła, miękkiego
- ¼ szklanki mleka
- ½ łyżeczki ekstraktu waniliowego
- Szczypta soli
- Barwnik spożywczy (opcjonalnie)

DO zanurzania:
- 1-funtowe opakowanie białych cukierków topi się
- 1 łyżka tłuszczu
- Różne czerwone, zielone i białe posypki

INSTRUKCJE:
NA WAFLE:
a) W misce wymieszaj miękkie, niesolone masło i granulowany cukier. Utrzyj je razem, aż będą jasne i puszyste.
b) Do masy maślano-cukrowej dodać mleko i ekstrakt waniliowy. Mieszaj, aż dobrze się połączą.
c) Jeśli chcesz pokolorować ciasteczka waflowe, dodaj kilka kropli barwnika spożywczego, aby uzyskać pożądany odcień. Dobrze wymieszaj, aby równomiernie rozprowadzić kolor.
d) W osobnej misce wymieszaj mąkę uniwersalną i szczyptę soli.
e) Stopniowo dodawaj suche składniki do mokrych, mieszaj, aż powstanie miękkie ciasto. Jeżeli ciasto jest zbyt klejące, można dodać odrobinę więcej mąki.
f) Ciasto na ciasteczka podzielić na dwie równe części. Z każdej porcji uformuj wałek, zawiń go w folię i wstaw do lodówki na co najmniej 1 godzinę lub do momentu, aż ciasto będzie twarde.
g) Rozgrzej piekarnik do 175°C i wyłóż blachę do pieczenia papierem pergaminowym.
h) Wyjmij jeden z wałów ciasta z lodówki i pokrój go w cienkie krążki o grubości około ⅛ cala.
i) Ułóż okrągłe ciasteczka na przygotowanej blasze do pieczenia, pozostawiając między nimi trochę odstępu.
j) Za pomocą widelca utwórz wzór krzyżowy na każdym ciasteczku, lekko je dociskając.

k) Piec w nagrzanym piekarniku przez około 8-10 minut lub do momentu, aż brzegi ciastek staną się lekko złociste. Należy je uważnie obserwować, aby uniknąć nadmiernego pieczenia.
l) Wyjmij ciasteczka z piekarnika i pozostaw je do ostygnięcia na metalowej kratce. W miarę ostygnięcia będą nadal twardnieć.
m) Powtórzyć proces krojenia i pieczenia z pozostałym kawałkiem ciasta.
DO zanurzania:
n) W misce nadającej się do kuchenki mikrofalowej rozpuść cukierki lub polewę z kory i tłuszcz, postępując zgodnie ze wskazówkami na opakowaniu. Zwykle obejmuje to podgrzewanie w kuchence mikrofalowej w 30-sekundowych odstępach i mieszanie pomiędzy nimi, aż mieszanina stanie się gładka i całkowicie roztopiona.
o) Zanurz ¾ każdego ciasteczka waflowego w stopionej polewie z cukierka, pozwalając, aby nadmiar powłoki spłynął z powrotem do pojemnika.
p) Natychmiast posyp zanurzony wafel wybraną posypką. Aby uzyskać świąteczny akcent, możesz użyć czerwonej, zielonej i białej posypki.
q) Ułóż zanurzone i udekorowane ciasteczka waflowe na papierze woskowanym lub pergaminie i poczekaj, aż powłoka stwardnieje.
r) Powtarzaj proces zanurzania i dekorowania pozostałymi waflami cukrowymi, aż pokryjesz ich dowolną liczbę.
s) Po całkowitym stwardnieniu powłoki przechowuj świąteczne wafle cukrowe oblane białą czekoladą w szczelnym pojemniku przez maksymalnie dwa tygodnie.

55. Wafelek nadziewany pomarańczą

SKŁADNIKI:
NA WAFERKI:
- 1 szklanka (2 paluszki) niesolonego masła, zmiękczonego
- ½ szklanki granulowanego cukru
- 2 filiżanki mąki uniwersalnej
- 1 łyżka świeżo startej skórki pomarańczowej
- ¼ łyżeczki soli

NA NADZIENIE POMARAŃCZOWE:
- ½ szklanki niesolonego masła, zmiękczonego
- 1 ½ szklanki cukru pudru
- 2 łyżki świeżo wyciśniętego soku pomarańczowego
- 1 łyżeczka świeżo startej skórki pomarańczowej
- Barwnik spożywczy pomarańczowy (opcjonalnie, dla uzyskania żywego koloru)

INSTRUKCJE:
WYKONANIE CIASTECZEK WAFEROWYCH:
a) W dużej misce utrzyj miękkie masło i granulowany cukier na jasną i puszystą masę.
b) Dodaj świeżo startą skórkę pomarańczową i mieszaj, aż składniki dobrze się połączą.
c) Stopniowo dodawaj do mieszanki mąkę uniwersalną i sól, mieszaj, aż powstanie miękkie ciasto. Ciasto powinno łatwo się połączyć.
d) Ciasto podzielić na dwie równe części. Z każdej porcji uformuj płaski dysk, zawiń w folię i wstaw do lodówki na co najmniej 30 minut, aby stwardniały.
e) Rozgrzej piekarnik do 175°C (350°F), podczas gdy ciasto się chłodzi.
f) Na posypanej mąką powierzchni rozwałkuj jedną część ciasta na grubość około ⅛ cala. Użyj ulubionej foremki do ciastek, aby wyciąć pożądane kształty. Ułóż ciasteczka na blasze wyłożonej pergaminem, pozostawiając między nimi niewielką przestrzeń.
g) Piecz ciasteczka przez 10-12 minut lub do momentu, aż nabiorą jasnozłotego koloru. Wyjmij je z piekarnika i pozostaw do ostygnięcia na metalowej kratce.
h) Powtórzyć proces wałkowania i krojenia z pozostałą porcją ciasta.

WYKONANIE NADZIENIA POMARAŃCZOWEGO:
i) W misce wymieszaj miękkie masło, cukier puder, świeżo wyciśnięty sok pomarańczowy i świeżo startą skórkę pomarańczową.

j) W razie potrzeby dodaj kilka kropli pomarańczowego barwnika spożywczego, aby uzyskać pożądany odcień.

k) Ubij składniki, aż uzyskasz gładkie i kremowe nadzienie. Dostosuj konsystencję dodając w razie potrzeby więcej cukru pudru lub soku pomarańczowego.

MONTAŻ WAFLI Z NADZIENIEM POMARAŃCZOWYM:

l) Po całkowitym wystygnięciu ciasteczek waflowych rozsmaruj obficie pomarańczowe nadzienie na płaskiej stronie jednego ciasteczka.

m) Delikatnie dociśnij na wierzch kolejne ciasteczko, tak aby powstała kanapka z nadzieniem w środku.

n) Powtórz ten proces z pozostałymi ciasteczkami i nadzieniem.

o) Napełnione wafle odstawiamy na około 30 minut, aby stwardniały.

p) Podawaj i ciesz się wspaniałymi waflami z nadzieniem pomarańczowym!

56. Kolorowe kremowe wafle

Tworzy: 5 tuzinów

SKŁADNIKI:
NA WAFLE:
- 2 filiżanki mąki uniwersalnej
- 1 szklanka miękkiego masła lub margaryny
- ¼ szklanki miękkiego masła lub margaryny
- ¾ szklanki cukru pudru
- ⅓ szklanki Ciężka śmietanka do ubijania
- Cukier granulowany (do posypania)
- Kilka kropli barwnika spożywczego (opcjonalnie)
- 1 łyżeczka wanilii

NA KREMOWE NADZIENIE:
- ½ szklanki masła
- 1 ½ szklanki cukru pudru
- 1 łyżeczka wanilii
- Kilka kropli barwnika spożywczego (opcjonalnie)
- Kilka kropel wody (w razie potrzeby)

INSTRUKCJE:
NA WAFLE:
a) W misce wymieszaj mąkę uniwersalną, 1 szklankę miękkiego masła lub margaryny, cukier puder, gęstą śmietankę do ubijania i wanilię. Dobrze wymieszaj, aż ciasto się połączy.
b) Przykryj ciasto i wstaw do lodówki na co najmniej godzinę.
c) Rozgrzej piekarnik do 190°C (375°F).
d) Rozwałkuj około ⅓ schłodzonego ciasta na posypanej mąką desce na grubość ⅛ cala. Pozostałą część ciasta przechowuj w lodówce, aż będziesz gotowy do wałkowania. Rozwałkowane ciasto pokroić w krążki o średnicy 1½ cala.
e) Przenieś koła na woskowany papier pokryty granulowanym cukrem. Obróć każde kółko, aby obie strony były pokryte cukrem. Połóż posypane cukrem krążki na nienatłuszczonej blaszce z ciasteczkami.
f) Każde kółko nakłuj widelcem cztery razy. Piec w nagrzanym piekarniku przez 7-9 minut lub do momentu, aż wafle lekko się zetną, ale nie będą brązowe. Pozwól im ostygnąć.

NA KREMOWE NADZIENIE:
g) W osobnej misce utrzyj ½ szklanki masła, aż będzie gładkie i puszyste.

h) Do masła stopniowo dodajemy cukier puder i wanilię, dalej ubijając, aż nadzienie będzie gładkie i puszyste.

i) W razie potrzeby zabarwić nadzienie barwnikiem spożywczym. Jeżeli masa jest zbyt sztywna do rozsmarowania, należy dodać kilka kropel wody do uzyskania pożądanej konsystencji.

UKŁADAJ KANAPKI:

j) Tuż przed podaniem uformuj kanapki z ½ łyżeczki kremowego nadzienia, umieszczając je pomiędzy dwoma waflami.

k) Ciesz się pysznymi, domowymi waflami z kremem!

57. Wafle z kremem ajerkoniakowym

SKŁADNIKI:
DLA PLIKÓW COOKIES:
- 1 szklanka miękkiego masła
- 6 łyżek gęstej śmietanki
- 2 filiżanki mąki uniwersalnej

DO WYPEŁNIENIA:
- ½ szklanki miękkiego masła
- 1 ½ szklanki cukru pudru
- 1 łyżka stołowa (i więcej w razie potrzeby) ajerkoniaku
- Barwnik spożywczy czerwony lub zielony (opcjonalnie)

INSTRUKCJE:
TWORZENIE PLIKÓW COOKIES:
a) W dużej misce miksera utrzyj miękkie masło, gęstą śmietanę i uniwersalną mąkę.
b) Ciasto podzielić na dwie równe części, uformować z każdej płaski dysk, zawinąć w folię i wstawić do lodówki na co najmniej godzinę.
c) Gdy ciasto będzie gotowe, wyjmij jedną porcję ciasta z lodówki. Na posypanym mąką blacie za pomocą posypanego mąką wałka do ciasta rozwałkuj ciasto na grubość około ⅛ cala.
d) Do wycinania kółek użyj małej okrągłej foremki do ciastek o średnicy około 1 ½ cala. Umieść te kółka na wyłożonych pergaminem blachach z ciasteczkami. Nie marnuj ciasta; zebrać resztki i zwinąć je ponownie, aby wykorzystać całe ciasto.
e) Powtórz tę samą czynność z drugą porcją ciasta.
f) Rozgrzej piekarnik do 175°C (350°F). Po wypełnieniu każdego arkusza ciasteczek, przed pieczeniem włóż go do lodówki na co najmniej 10 minut.
g) Piec ciasteczka przez 10-12 minut lub do momentu, aż staną się jasnozłote. Przed nałożeniem lukru poczekaj, aż ciasteczka całkowicie ostygną.
h) W drugiej misie miksera ubijaj miękkie masło i cukier puder, aż mieszanina będzie gładka.
i) Stopniowo dodawaj ajerkoniak, po trochu, aż uzyskasz pożądaną konsystencję nadzienia. Jeśli chcesz pokolorować lukier, możesz to zrobić na tym etapie.

MONTAŻ PLIKÓW COOKIES:
j) Rozsmaruj lukier na płaskiej stronie („złej" stronie) połowy ciasteczek.

k) Na każde mrożone ciasteczko nałóż kolejne niemrożone ciasteczko, aby stworzyć kanapkę.
l) Gotowe ciasteczka przechowuj w zamrażarce, aby cieszyć się smakowitą przekąską.

58. Wafle z kremem walentynkowym

Na: 44 ciasteczka kanapkowe

SKŁADNIKI:
NA WAFLE:
- 2 filiżanki mąki uniwersalnej
- 1 szklanka masła, miękkiego
- ⅓ szklanki śmietany do ubijania (ciężkiej).
- Cukier granulowany

NA KREMOWE NADZIENIE:
- 1 ½ szklanki cukru pudru
- ½ szklanki masła, miękkiego
- 1 łyżeczka wanilii
- Czerwony płynny barwnik spożywczy

INSTRUKCJE:
NA WAFLE:
a) W średniej misce wymieszaj łyżką mąkę uniwersalną, 1 szklankę miękkiego masła i śmietanę.
b) Przykryj miskę i wstaw do lodówki na około 1 godzinę lub do momentu, aż ciasto będzie twarde.
c) Rozgrzej piekarnik do 190°C (375°F). Rozwałkuj jedną trzecią ciasta na grubość około ⅛ cala na lekko posypanej mąką powierzchni. Pozostałą część ciasta przechowuj w lodówce, aż będziesz gotowy do wałkowania.
d) Wytnij ciasteczka w kształcie serca za pomocą 2 ¼-calowej foremki do ciastek w kształcie serca. Obficie posyp duży kawałek woskowanego papieru granulowanym cukrem.
e) Przenieś wycięcia w kształcie serc na woskowany papier za pomocą obracarki do naleśników. Obróć każde wycięcie, aby obtoczyć obie strony cukrem. Połóż powlekane wycięcia na nienatłuszczonej blaszce z ciasteczkami. Każde wycięcie nakłuj widelcem około cztery razy.
f) Piec w nagrzanym piekarniku przez 7 do 9 minut lub do momentu, aż ciasto się zetnie, ale nie będzie brązowe. Pozostaw ciasteczka na blasze do ostygnięcia na 1 minutę, a następnie je wyjmij. Pozwól im całkowicie ostygnąć przez około 15 minut.

NA KREMOWE NADZIENIE:
g) Gdy ciasteczka ostygną, ubijaj cukier puder i ½ szklanki miękkiego masła, aż masa będzie gładka. Dodaj wanilię i ubijaj, aż mieszanina stanie się puszysta.

h) Rozłóż lukier do sześciu małych misek. Do każdej miski dodaj różne ilości czerwonego płynnego barwnika spożywczego, aby uzyskać różne odcienie różu.

i) Możesz zacząć od wykałaczki, następnie stopniowo dodawać do każdej miski 1 kroplę, 3 krople, 7 kropli, 12 kropli i na koniec 25 kropli barwnika spożywczego, tworząc całą gamę różowych odcieni.

MONTAŻ:

j) Na każde ciasteczko kanapkowe rozsmaruj około 1 łyżeczki lukru na dnie jednego schłodzonego ciasteczka.

k) Na wierzch połóż kolejne ciasteczko, dolną stroną do dołu i delikatnie dociśnij ciasteczka do siebie.

59. Ciasteczka Waflowe z Kremem Kokosowym

Na: 48 ciasteczek

SKŁADNIKI:
DLA CIASTKA:
- 1 szklanka (8 uncji) solonego masła, zmiękczonego
- ⅓ szklanki gęstej śmietany do ubijania
- 2 szklanki mąki uniwersalnej plus dodatkowa ilość do rozwałkowania ciasta
- Cukier granulowany

DO LUKRU:
- 1 szklanka (8 uncji) solonego masła, zmiękczonego
- 1 ½ szklanki cukru pudru
- 1 łyżeczka ekstraktu waniliowego lub ekstraktu kokosowego
- 2 szklanki wiórków słodzonego kokosa
- Barwnik spożywczy (opcjonalnie)

INSTRUKCJE:

a) W średniej misce wymieszaj 2 szklanki mąki uniwersalnej, 1 szklankę miękkiego masła i ciężką śmietankę do ubijania za pomocą łyżki lub miksera elektrycznego. Mieszaj aż do połączenia.

b) Umieść ciasto na dużym kawałku folii, spłaszcz je i owiń dodatkową folią, aby całkowicie je przykryć. Przechowywać w lodówce przez około 1 godzinę lub do momentu, aż ciasto schłodzi się i stanie się twarde.

c) Rozgrzej piekarnik do 375 stopni Fahrenheita. Rozwałkuj połowę ciasta (drugą połowę przechowuj w lodówce) na lekko posypanej mąką powierzchni, aż uzyska grubość około ⅛ do ¼ cala. Wycinaj ciasteczka za pomocą okrągłej foremki do ciastek o średnicy 1 ½ cala. Ciasteczka układamy na blachach wyłożonych papierem do pieczenia lub matami silikonowymi.

d) Lekko posyp każde ciasteczko niewielką ilością granulowanego cukru, a następnie nakłuj je widelcem około 4 razy.

e) Piecz ciasteczka przez około 7-9 minut lub do czasu, aż będą twarde i lekko puszyste, ale jeszcze nie rumiane. Pozostaw ciasteczka do całkowitego ostygnięcia na metalowej kratce. Powtórzyć proces z pozostałym ciastem.

f) Podczas gdy ciasteczka ostygną, przygotuj lukier. Wymieszaj pozostałą 1 szklankę miękkiego masła, cukier puder i wybrany ekstrakt waniliowy lub kokosowy, aż dobrze się połączą. Następnie dodaj posiekany słodzony kokos. Opcjonalnie do lukieru można dodać barwnik spożywczy w celu uzyskania pożądanego koloru.

g) Delikatnie posmaruj spody połówek ciasteczek, a następnie nałóż na każde zmrożone ciasteczko kolejne ciasteczko, tak aby nakłucia widelca i cukier znajdowały się na zewnątrz ciasteczek.

h) Ciesz się domowymi ciasteczkami waflowymi z kremem kokosowym, wypełnionymi pysznym kremem kokosowym!

60. Polskie Ciasto Waflowe

SKŁADNIKI:
WAFLE
- 1 Mąkę o wszechstronnym przeznaczeniu
- ½ szklanki granulowanego cukru
- 2 duże jajka
- ¼ szklanki niesolonego masła, roztopionego
- ¼ szklanki pełnego mleka
- ½ łyżeczki ekstraktu waniliowego
- Szczypta soli

POŻYWNY
- 1 słoik powidła śliwkowego (powidło)
- 1 puszka skondensowanego mleka

INSTRUKCJE:
WAFLE
a) W misce wymieszaj mąkę i cukier.
b) W osobnej misce ubić jajka, następnie dodać roztopione masło, mleko, ekstrakt waniliowy i szczyptę soli. Dobrze wymieszaj.
c) Powoli wlewaj mokrą mieszankę do suchych składników, mieszając, aż uzyskasz gładkie ciasto bez grudek.
d) Rozgrzej maszynę do wafli lub żelazko do pizzy zgodnie z instrukcją producenta.
e) Lekko nasmaruj żelazko niewielką ilością oleju lub sprayu kuchennego.
f) Nałóż niewielką ilość ciasta (ilość zależy od wielkości żelazka) na środek gorącego żelazka.
g) Zamknij żelazko i usmaż wafelek zgodnie z instrukcją urządzenia, aż będzie złotobrązowy i chrupiący. Zwykle zajmuje to około 1-2 minut na wafelek.
h) Ostrożnie wyjmij wafelek z żelazka za pomocą szpatułki lub widelca.
i) Choć jest jeszcze gorący i giętki, można go kształtować w różne formy, takie jak bułki, rożki lub płaskie arkusze, w zależności od preferencji.
j) Uformowany wafelek odłożyć na metalową kratkę, aby wystygł i stwardniał.
k) Kontynuuj gotowanie i formowanie wafli z pozostałego ciasta.

DO MLEKA KONdensowanego
a) W garnku zanurz zamkniętą puszkę skondensowanego mleka w zimnej wodzie.
b) Doprowadź wodę do wrzenia, a następnie zmniejsz ogień do wrzenia.

c) Pozwól mu gotować się powoli przez 3-4 godziny.
d) Gdy puszka ostygnie, możesz ją otworzyć.

MONTAŻ CIASTA

e) Pierwszą warstwę wafla posmaruj warstwą ugotowanego skondensowanego mleka.
f) Na wierzchu połóż drugą warstwę wafla.
g) Na tę warstwę rozsmaruj kajmak.
h) Przykryć trzecią warstwą wafla.
i) Na tę warstwę rozsmaruj masło śliwkowe (powidło).
j) Nałóż czwartą warstwę wafla.
k) Na wierzchu posmaruj kajmakiem.
l) Na wierzchu ułóż ostatnią warstwę wafla.
m) Na cieście waflowym połóż coś ciężkiego, aby je ubić.
n) Ciasto jest gotowe do spożycia po kilku godzinach.
o) Ciesz się polskim ciastem waflowym (Andrut)!

61. Wafle z Kruchym Kremem Orzechowym

Ilość składników: 1 ciasto

SKŁADNIKI:
DOMOWE WAFLE
- 1 Mąkę o wszechstronnym przeznaczeniu
- ½ szklanki granulowanego cukru
- 2 duże jajka
- ¼ szklanki niesolonego masła, roztopionego
- ½ szklanki mleka
- ½ łyżeczki ekstraktu waniliowego

ORZECH KRUCHE
- 1 ½ szklanki granulowanego cukru
- 2 ½ szklanki posiekanych orzechów włoskich

KRUKOWY KREM ORZECHOWY
- 5 jaj
- ⅔ szklanki masła
- 1 łyżeczka soli
- Olej roślinny (do smarowania)

INSTRUKCJE:
ARKUSZE WAFEROWE
a) Rozgrzej piekarnik do 175°C (350°F). Natłuść blachę do pieczenia o wymiarach 35 x 17 cm (13,5 x 6,5 cala).

b) W misce wymieszaj mąkę uniwersalną i cukier granulowany. Dobrze wymieszaj.

c) W osobnej misce ubijaj jajka, aż dobrze się połączą.

d) Do ubitych jajek dodać roztopione, niesolone masło, mleko i ekstrakt waniliowy. Dokładnie wymieszać.

e) Stopniowo dodawaj mokrą mieszankę do suchej, ciągle mieszając, aż uzyskasz gładkie ciasto. Upewnij się, że nie ma grudek.

f) Ciasto wylać na natłuszczoną blachę do pieczenia. Rozprowadź równomiernie szpatułką, starając się uzyskać wymiary 35x17 cm (13,5x6,5 cala).

g) Włóż blachę do pieczenia do nagrzanego piekarnika i piecz przez około 10-15 minut lub do momentu, aż krawędzie blachy waflowej staną się złotobrązowe.

h) Po upieczeniu wyjmij blachę waflową z piekarnika i pozostaw do ostygnięcia na blasze. Gdy ostygnie, stanie się chrupiące.

i) Gdy całkowicie ostygnie, ostrożnie wyjmij blachę waflową z blachy do pieczenia.

PRZYGOTOWANIE KRUKOWEGO ORZECHA:
a) Lekko nasmaruj blachę do pieczenia lub blachę olejem roślinnym.

b) Na patelni o grubym dnie i na średnim ogniu umieść granulowany cukier.

c) Rozpuść cukier, mieszając w razie potrzeby, aż uzyska złotobrązowy kolor. Jeśli wolisz nie mieszać podczas robienia karmelu, też jest to w porządku.

d) Zmniejsz ogień do niskiego poziomu i gotuj karmel, aż osiągnie bogaty, złotobrązowy kolor.

e) Zdejmij karmel z ognia i natychmiast dodaj posiekane orzechy włoskie. Wlać tę mieszaninę cienką warstwą na przygotowaną blachę do pieczenia. Odłóż na bok do ostygnięcia.

f) Gdy kruche ciasto ostygnie, połam je na kawałki i drobno posiekaj w robocie kuchennym.

PRZYGOTOWANIE KRUKOWEGO KREMU ORZECHOWEGO:
g) Kruchą ziemię wsypać do żaroodpornej miski i ustawić nad garnkiem z gotującą się wodą. Dodaj sól do mieszaniny.

h) Dodawaj jajka, jedno po drugim, do mieszanki orzechowo-karmelowej, dobrze mieszając do połączenia. Gotuj, aż wszystkie jajka zostaną całkowicie wchłonięte, a mieszanina stanie się gęsta, gładka i błyszcząca.
i) Odłóż kruchą śmietankę orzechową i pozostaw do ostygnięcia do temperatury pokojowej.

MONTAŻ CIASTA:

j) Gdy nadzienie karmelowe osiągnie temperaturę pokojową, do kruchej śmietany orzechowej dodać pokrojone w kostkę masło. Ubijaj mikserem ręcznym, aż składniki dobrze się połączą.
k) Połóż jeden arkusz wafla na blasze i równomiernie rozsmaruj warstwę nadzienia z kruchego kremu orzechowego. Następnie przykryj go kolejnym arkuszem wafla. Powtarzaj ten proces, aż wszystkie pięć arkuszy zostanie ułożonych jeden na drugim.
l) Połóż na wierzchu ciężki przedmiot, aby warstwy łatwiej się sklejały.
m) Przed podaniem ciasto należy schłodzić przez 4-5 godzin.

62. Warstwowe wafle bałkańskie

Robi: 15

SKŁADNIKI:
WAFLE TORTOWE
- 1 Mąkę o wszechstronnym przeznaczeniu
- 1 szklanka granulowanego cukru
- ½ szklanki mleka
- 3 duże jajka
- ¼ szklanki niesolonego masła, roztopionego
- ½ łyżeczki ekstraktu waniliowego
- Szczypta soli

DO WYPEŁNIENIA:
- 10,5 uncji mleka
- 10,5 uncji białego cukru
- ½ łyżeczki ekstraktu waniliowego lub 10 g torebki cukru waniliowego
- 10,5 uncji mielonych herbatników lub mielonych krakersów Graham
- 10,5 uncji zmielonych orzechów włoskich
- 9 uncji masła, temperatura pokojowa
- 7 uncji niesłodzonej czekolady do pieczenia

INSTRUKCJE:
WAFLE TORTOWE
a) Rozgrzej piekarnik do 175°C (350°F). Natłuszczamy i wykładamy blachę do pieczenia papierem pergaminowym.
b) W dużej misce wymieszaj mąkę i cukier. Dobrze wymieszaj.
c) W osobnej misce wymieszaj mleko, jajka, roztopione masło, ekstrakt waniliowy i szczyptę soli.
d) Wlej mokrą mieszaninę do suchej i mieszaj, aż uzyskasz gładkie ciasto.
e) Na przygotowaną blachę wylewamy cienką warstwę ciasta, równomiernie rozprowadzając tak, aby powstała cienka warstwa. Może być konieczne przechylenie arkusza, aby zapewnić równomierne pokrycie.
f) Piec w nagrzanym piekarniku przez około 5-7 minut lub do momentu, aż brzegi zaczną się złocić, a wafelek się zetnie. Uważaj na niego, ponieważ może szybko się upiec.
g) Upieczony wafelek wyjąć z piekarnika i pozostawić do ostygnięcia na minutę lub dwie. Po wyjęciu z piekarnika powinno być elastyczne.
h) Ostrożnie zdejmij wafelek z blachy i połóż go na czystym ręczniku kuchennym.

i) Natychmiast pokrój wafelek do pożądanego rozmiaru i kształtu za pomocą ostrego noża lub nożyczek. Jeśli chcesz wafle do bałkańskiego ciasta waflowego bez pieczenia, celuj w arkusze o wymiarach około 16 x 13 cali.
j) Powtórzyć proces z pozostałym ciastem, piekąc jedną warstwę na raz.
k) Pozwól, aby domowe wafle tortowe całkowicie ostygły przed ich użyciem.

POŻYWNY:
a) W dużym garnku połącz mleko, cukier i cukier waniliowy. Doprowadzić do wrzenia na średnim ogniu, często mieszając, aby pomóc rozpuścić cukier. Zdjąć z ognia.
b) Do garnka dodać masło i czekoladę. Dobrze wymieszaj, aż mieszanina się połączy.
c) Dodajemy zmielone ciasteczka i mieszamy, aż składniki dobrze się połączą. Następnie dodaj zmielone orzechy włoskie i mieszaj, aż składniki się całkowicie połączą. Pozostaw mieszaninę do ostygnięcia na 10-15 minut.

MONTAŻ:
d) Ostrożnie rozpakuj arkusze wafli tortowych. Odłóż na bok najlepiej wyglądający arkusz (będzie to twój górny arkusz). Weź kolejny arkusz i połóż go na twardej powierzchni.
e) Wlać około ¼ lub 1/5 nadzienia na środek arkusza. Rozprowadź równomiernie na wszystkie strony za pomocą noża lub łyżki.
f) Na wierzch nadzienia połóż kolejny arkusz wafla i wyrównaj boki. Powtarzaj ten proces z pozostałym wypełnieniem i arkuszami, aż wykorzystasz wszystkie materiały.
g) Przykryj wszystko arkuszem, który odłożyłeś na wierzch.
h) Zawiń deser w folię spożywczą. Następnie połóż na nim ciężki przedmiot, tak aby jak najbardziej zakrył deser.
i) Pozostawić do zastygnięcia w chłodnym miejscu lub w lodówce na co najmniej 6 godzin, a najlepiej na całą noc.

CIĄĆ:
j) Wafelek pokroić tuż przed podaniem. Użyj bardzo ostrego noża. Jeśli chcesz mieć kształt rombów, przekrój ciasto wzdłuż na pół, a następnie każdą połówkę przekrój na pół, aby otrzymać ćwiartki.
k) Na koniec przetnij każdą ćwiartkę na pół, aby uzyskać osiem. Weź ośmiopasmowy pasek i wycinaj ukośne linie co 4-5 bloków. Powtórz ze wszystkimi paskami.

l) Pozostały wafelek przechowuj w lodówce w plastikowym opakowaniu do 4-5 dni.

63. Ciasto Czekoladowe Z Roladkami Waflowymi

SKŁADNIKI:
DO SKORUPY:
- 200 gramów mąki tortowej
- 50 gramów cukru
- 1 łyżeczka cukru waniliowego
- 1 szczypta soli
- Skórka z ½ cytryny
- 120 gramów masła
- 1 jajko

NA CIASTO:
- 6 jaj
- 150 gramów cukru
- 1 szczypta soli
- 2 łyżeczki cukru waniliowego
- 150 gramów mąki tortowej
- 1 solidna szczypta proszku do pieczenia

NA KREM:
- ½ litra mleka
- 100 gramów gorzkiej czekolady
- 3 żółtka
- 50 gramów cukru
- 60 gramów skrobi kukurydzianej
- 250 gramów miękkiego masła
- 100 gramów cukru pudru

Wafelek czekoladowy:
- 1 Mąkę o wszechstronnym przeznaczeniu
- ½ szklanki niesłodzonego kakao w proszku
- ½ szklanki granulowanego cukru
- ¼ szklanki niesolonego masła, roztopionego
- 2 duże jajka
- ½ szklanki pełnego mleka
- ½ łyżeczki ekstraktu waniliowego
- Szczypta soli

ZŁOŻYĆ:
- 4 łyżki dżemu czerwonego (np. malinowego)
- 120 kulek z mleka słodowego w czekoladzie

INSTRUKCJE:

PRZYGOTUJ SKÓRKĘ:
a) Rozgrzej piekarnik do 170°C (około 350°F). Formę do pieczenia i blachę do pieczenia wyłóż papierem pergaminowym.
b) W misce wymieszaj mąkę tortową, cukier, cukier waniliowy, sól i otartą skórkę cytryny.
c) Pokrój w masło.
d) Dodać jajko i szybko zagnieść gładkie ciasto.
e) Ciasto równomiernie rozwałkowujemy i dociskamy do dna tortownicy.
f) Piec na złoty kolor przez około 10 minut. Wyjąć z piekarnika i pozostawić do ostygnięcia na metalowej kratce.

PRZYGOTUJ CIASTO:
g) Oddziel jajka. Białka ubić na sztywną pianę.
h) Żółtka ubić z cukrem, solą i cukrem waniliowym na puszystą masę.
i) Mąkę wymieszać z proszkiem do pieczenia.
j) Delikatnie wymieszaj białka z żółtkami i cukrem.
k) Stopniowo dodawać mąkę z proszkiem do pieczenia.
l) Na blasze wyłożonej pergaminem równomiernie rozłóż ciasto.
m) Piec na złoty kolor, około 8-10 minut. Ciasto powinno nabrać koloru i odbijać się po dotknięciu.
n) Wyjmij ciasto z piekarnika, natychmiast wyjmij je z formy i pozostaw do ostygnięcia na metalowej kratce. Usuń papier pergaminowy.

PRZYGOTUJ KREM:
o) Rozpuść posiekaną czekoladę w ⅔ mleka i zagotuj.
p) Żółtka ubić z cukrem, skrobią kukurydzianą i pozostałym mlekiem.
q) Do mleka czekoladowego dodać masę żółtkową i doprowadzić do wrzenia, ciągle mieszając.
r) Zdjąć z ognia i ostudzić do temperatury pokojowej.
s) Ubij masło, aż będzie gładkie. Cukier puder przesiej i wymieszaj z masłem.
t) Stopniowo dodajemy do masła krem czekoladowy.

Wafelek czekoladowy:
u) W misce wymieszaj mąkę uniwersalną i niesłodzone kakao w proszku.
v) W osobnej misce wymieszaj granulowany cukier, roztopione niesolone masło, jajka, pełne mleko, ekstrakt waniliowy i szczyptę soli, aż dobrze się połączą.
w) Stopniowo dodawaj suchą mieszankę (mąkę i proszek kakaowy) do mokrej mieszanki, ciągle mieszając. Mieszaj, aż uzyskasz gładkie ciasto. Ciasto powinno być rzadkie i lejące, podobne do ciasta naleśnikowego.

Jeżeli jest zbyt gęste można dodać odrobinę więcej mleka do uzyskania pożądanej konsystencji.

x) Rozgrzej maszynę do wafli lub żelazko do pizzy zgodnie z instrukcjami producenta. Upewnij się, że jest gorący i gotowy do gotowania.

y) Lekko nasmaruj płytki gofrownicy niewielką ilością sprayu kuchennego lub roztopionego masła.

z) Na środek każdego talerza nałóż niewielką ilość ciasta (ilość będzie zależała od wielkości urządzenia do wafli). Zamknąć maszynę do wafli i gotować zgodnie z instrukcją producenta, zwykle około 1-2 minut lub do momentu, aż wafle będą twarde i lekko chrupiące.

aa) Ostrożnie wyjmij arkusze wafli z urządzenia i połóż je na czystej powierzchni, aby ostygły. Gdy ostygną, staną się bardziej chrupiące.

bb) Gdy arkusze waflowe są jeszcze ciepłe i giętkie, ostrożnie zwiń każdy z nich w kształt cylindra lub rurki. Aby nadać im kształt, możesz użyć cylindrycznego przedmiotu, takiego jak drewniany kołek lub czysty ołówek.

cc) Przytrzymaj każdy zwinięty wafelek na miejscu przez kilka sekund, aż ostygnie i zachowa swój kształt. Kontynuuj z pozostałymi arkuszami waflowymi.

ZMONTOWAĆ CIASTO:

dd) Na cieście rozsmaruj dżem.

ee) Posmaruj ciasto kremem czekoladowym o grubości około 3 mm (około ⅛ cala) i wstaw do lodówki na około 25 minut.

ff) Pokrój ciasto na paski o szerokości 4-5 cm (około 1 ½ - 2 cali).

gg) Paski układamy pionowo na cieście, zakrywając cały spód.

hh) Całość przykryj ciasto pozostałym kremem czekoladowym.

ii) Połóż czekoladowe bułeczki waflowe na zewnętrznej stronie ciasta.

jj) Ciasto schłodzić w lodówce, aż całkowicie stwardnieje.

kk) Przed podaniem udekoruj ciasto kulkami mlecznymi ze słodu czekoladowego i dodatkowymi bułeczkami waflowymi.

64. Ciasto Waflowe ze Słodkimi Kanalikami

SKŁADNIKI:
WAFLE:
- 1 Mąkę o wszechstronnym przeznaczeniu
- ½ szklanki granulowanego cukru
- ½ szklanki roztopionego, niesolonego masła
- 2 duże jajka
- ½ łyżeczki ekstraktu waniliowego
- Szczypta soli

INNE SKŁADNIKI:
- 250 g Mleka skondensowanego
- 250 g masła
- 10ml Kremu (20%)
- 1 opakowanie słodkich rurek waflowych
- 1 opakowanie przekąsek (ciasteczek)
- 100 g czarnej czekolady
- 150 g cukru pudru
- 1 jajko
- 20 ml soku z cytryny

INSTRUKCJE:
WAFLE:
a) W misce wymieszaj roztopione, niesolone masło i cukier granulowany. Mieszaj, aż cukier dobrze połączy się z masłem.
b) Wbijaj jajka pojedynczo, upewniając się, że każde jajko zostało całkowicie wchłonięte przed dodaniem kolejnego.
c) Dodaj ekstrakt waniliowy i szczyptę soli i kontynuuj mieszanie, aż ciasto będzie gładkie.
d) Do ciasta stopniowo dodawaj mąkę uniwersalną, ciągle mieszając. Mieszaj, aż uzyskasz gładkie i gęste ciasto.
e) Rozgrzej piekarnik do 175°C (350°F). Blachę do pieczenia wyłóż papierem pergaminowym.
f) Za pomocą łyżeczki nakładać małe porcje ciasta na przygotowaną blachę do pieczenia. Pomiędzy porcjami zostaw odpowiednią ilość odstępu, gdyż ciasto będzie się rozlewało w trakcie pieczenia.
g) Tylną częścią łyżki rozłóż każdą porcję na cienki kształt. Staraj się uzyskać grubość od około 1/16 do ⅛ cala.
h) Włóż blachę do pieczenia do nagrzanego piekarnika i piecz przez około 5-7 minut lub do momentu, aż wafle nabiorą jasnozłotego koloru.
i) Wyjmij wafle z piekarnika i pozostaw je na kilka minut do ostygnięcia na blasze. Gdy ostygną, staną się bardziej chrupiące.

NADZIENIE KREMOWE:
j) W misce wymieszaj miękkie masło i skondensowane mleko. Mieszaj, aż będzie gładkie.
k) Stopniowo dodawaj śmietanę małymi porcjami, kontynuując ubijanie, aż masa będzie gładka i dobrze połączona.

UKŁADANIE CIASTA:
l) Rozłóż warstwę kremowej mieszanki na arkuszach waflowych, równomiernie je pokrywając.
m) Na wierzch połóż kolejną warstwę wafelków i powtarzaj proces, aż wykorzystasz wszystkie arkusze waflowe i krem. Pamiętaj, aby zakończyć wierzch warstwą kremu.

DO panierowania ciasteczek:
n) Ciasteczka zmiel w blenderze, aż staną się drobnymi okruchami. Alternatywnie możesz je zetrzeć na bardzo drobnej tarce.
o) Wymieszaj okruszki ciasteczek z pozostałą śmietaną, aby uzyskać gęstą pastę. W razie potrzeby dodać niewielką ilość śmietanki lub mleka do uzyskania pożądanej konsystencji.

p) Rozłóż cienką warstwę pasty do ciastek po bokach i na górze ciasta, tworząc gładką powierzchnię. Połóż ciasto na naczyniu lub talerzu do serwowania.

q) Czarną czekoladę zetrzyj bezpośrednio na ciasto za pomocą małej tarki.

NA lukier:

r) Zmieszaj 1 białko ze 150 g cukru pudru i dodaj kilka kropli soku z cytryny. Mieszanka powinna być gęsta.

s) Przełóż lukier do rękawa cukierniczego lub małej plastikowej torebki z małą dziurką wyciętą w rogu.

t) Połóż kawałek zwykłego papieru na płaskiej powierzchni i narysuj lub wydrukuj na nim płatki śniegu lub dowolne figury. Przykryj papier arkuszem pergaminu lub przezroczystą powierzchnią.

u) Obrysuj kontury figur lukrem i pozostaw je do wyschnięcia na 5-12 godzin.

v) Gdy lukierowe figurki całkowicie wyschną, ostrożnie połóż je na wierzchu ciasta jako dekorację.

w) Twoje ciasto waflowe ze słodkimi kanalikami jest gotowe do spożycia! Pokrój, podawaj i smacznego!

65. Glazurowany tort waflowy z kremowym nadzieniem

SKŁADNIKI:

NA CIASTO:
- 1 łyżeczka sody oczyszczonej
- 1 szklanka ciepłej wody
- 5 szklanek mąki
- ½ szklanki) cukru
- 1 łyżeczka proszku do pieczenia
- 2 jajka
- ½ funta tłuszczu

NA NADZIENIE KREMOWE:
- 9 żółtek
- ¾ funta tłuszczu
- ¾ szklanki cukru
- ¾ szklanki wody
- 4 łyżki kakao Gefen
- ½ łyżki kawy
- 1 i ½ łyżki cukru waniliowego Gefen
- 6 uncji czekolady do pieczenia

DO SZKLIWIENIA:
- 6 łyżek oleju
- 6 łyżek wrzącej wody
- ¾ funta cukru cukierniczego Gefen
- 6 łyżek kakao Gefen
- 3-4 krople ekstraktu z rumu Gefen (opcjonalnie)

INSTRUKCJE:
PRZYGOTUJ CIASTO:
a) W małej misce rozpuść sodę oczyszczoną w ciepłej wodzie i odłóż na bok.
b) W dużej misce wymieszaj mąkę, cukier i proszek do pieczenia.
c) Do mąki dodać jajka i tłuszcz.
d) Stopniowo wsypywać mieszankę sody oczyszczonej i ugniatać, aż powstanie gładkie ciasto.
e) Ciasto podzielić na dwie części, przykryć folią spożywczą i wstawić do lodówki na co najmniej 30 minut.
f) Rozgrzej piekarnik do 175°C (350°F).
g) Weź jedną porcję ciasta i rozwałkuj ją na cienki prostokąt na posypanej mąką powierzchni. Prostokąt powinien pasować do Twojej formy do pieczenia.
h) Rozwałkowane ciasto włóż do natłuszczonej formy do pieczenia.
i) Ciasto nakłuwamy widelcem, aby nie wyrosło podczas pieczenia.
j) Piec około 15-20 minut lub do momentu, aż będą lekko złociste. Czynność tę powtórzyć z drugą porcją ciasta.

PRZYGOTOWAĆ NADZIENIE KREMOWE:
k) W rondlu wymieszaj żółtka, tłuszcz piekarski, cukier, wodę, kakao, kawę i cukier waniliowy.
l) Gotuj na małym ogniu, ciągle mieszając, aż mieszanina zgęstnieje.
m) Zdjąć z ognia i wymieszać z czekoladą do pieczenia, aż całkowicie się rozpuści. Pozwól mu ostygnąć.

ZMONTOWAĆ CIASTO:
n) Umieść jedną warstwę upieczonego ciasta w naczyniu do serwowania.
o) Wystudzoną masę kremową równomiernie rozsmaruj na pierwszej warstwie.
p) Na kremowym nadzieniu ułóż drugą warstwę upieczonego ciasta.

PRZYGOTUJ LAKIERĘ:
q) W misce wymieszaj olej, wrzącą wodę, cukier puder, kakao i ekstrakt rumowy (jeśli używasz). Mieszaj, aż lukier będzie gładki.
r) Polewą polej wierzchnią warstwę ciasta, równomiernie rozprowadzając ją szpatułką.
s) Ciasto przechowuj w lodówce przez kilka godzin lub do momentu, aż krem i lukier stwardnieją.
t) Pokrój i podawaj to luksusowe ciasto waflowe, aby zaimponować swoim gościom!

66. Ciasto Waflowe Kakaowo-Kawowe

SKŁADNIKI:
NA CIASTO:
- 30g Food Thoughts Organiczne kakao w proszku
- 15 g proszku espresso instant
- 1-2 łyżeczki likieru kawowego
- 50 ml wrzącej wody
- 120 g jasnobrązowego cukru muscovado
- 2 duże jajka
- 100 ml jasnej oliwy z oliwek
- ½ łyżeczki bezglutenowego proszku do pieczenia
- 75 g zmielonych orzechów laskowych
- 2 łyżki mąki kasztanowej
- 25 g prażonych, posiekanych orzechów laskowych

NA WAFLE:
- 3 łyżki płynnego pasteryzowanego białka jaja
- 35 g cukru pudru
- 15 g roztopionego, niesolonego masła
- 25 g zmielonych orzechów laskowych
- 15 g mąki kukurydzianej

DO MONTAŻU I DEKORACJI:
- 200ml śmietanki podwójnej
- 1 łyżeczka ekstraktu waniliowego lub pasty z ziaren wanilii
- Likier kawowy
- Myśli o jedzeniu Organiczny proszek kakaowy
- Myśli o jedzeniu Prażone stalówki kakaowe

INSTRUKCJE:
NA CIASTO:
a) Rozgrzej piekarnik do 180°C/160°C z termoobiegiem/gaz 4.
b) Wymieszaj kakao z proszkiem espresso, dodaj ekstrakt kawowy (lub likier) i tyle wrzącej wody, aby uzyskać cienką pastę.
c) Do dużej miski włóż cukier, oliwę i jajka. Używając elektrycznego miksera ręcznego, ubijaj przez kilka minut, aż uzyskasz gęsty, złocisty krem, który wygląda jak blady, gładki krem.
d) Dodać pastę kakaową i dalej ubijać. Następnie dodać zmielone i posiekane orzechy, mąkę kasztanową i proszek do pieczenia. Dobrze wymieszaj.
e) Wlać ciasto do dwóch foremek o średnicy 6 cali wyłożonych pergaminem do pieczenia. Piecz przez około 25 minut, aż ciasto będzie ładnie zarumienione i patyczek będzie po wyjęciu całkiem czysty. Studzimy przez kilka minut w foremkach, następnie przekładamy na metalową kratkę do wystygnięcia.

NA WAFLE:
f) Wytnij 2 kółka o wymiarach 15,5 cm (6 cali) z pergaminu do pieczenia (lub użyj wstępnie wyciętych nieprzywierających papilotek do ciasta) i umieść je na blasze do pieczenia.
g) Białka ubijaj w dużej misce przez kilka sekund, następnie dodaj cukier i ubijaj, aż masa będzie dość gęsta i kremowa. Dodać zmielone orzechy laskowe, mąkę kukurydzianą i roztopione masło.
h) Rozłóż mieszaninę na krążkach pergaminu i piecz przez 15 do 20 minut, aż uzyskasz jasnozłoty kolor. Pozostawić wafle do ostygnięcia i stwardnienia na metalowej kratce.

DO MONTAŻU CIASTA:
i) Ubić śmietanę z wanilią i likierem lub syropem klonowym, jeśli używasz.
j) Połóż jeden wafelek na talerzu, wyciśnij porcję bitej śmietany i połóż na wierzchu jedno ciasto. Wypełnij bitą śmietaną i połóż na wierzchu drugie ciasto. Na wierzch połóż kolejną porcję kremu i drugi wafelek.
k) Użyj szablonu i przesiej na wierzch kakao, a następnie udekoruj wierzchołkami bitej śmietany i ziarenkami kakao.

67. Sernik Waflowy Czekoladowy

Robi: 12

SKŁADNIKI:
WAFLE:
- 200 g (7 uncji) wysokiej jakości mlecznej czekolady
- 1 szklanka herbatników Digestive
- 2 łyżki niesolonego masła
- ¼ szklanki (60 ml) skondensowanego mleka
- ½ łyżeczki ekstraktu waniliowego

SERNIK:
- 80 g roztopionego, niesolonego masła (plus dodatkowa ilość do natłuszczenia)
- 150 g ciastek Digestive
- 150 ml śmietanki do ubijania
- 150 g ciemnej czekolady, grubo posiekanej
- 180g tubka miękkiego sera
- 50 g cukru pudru
- 100g greckiego jogurtu naturalnego przecedzonego
- ½ łyżeczki pasty waniliowej

INSTRUKCJE:
WAFLE:

a) Włóż zwykłe ciasteczka do zamykanej torebki i pokrusz je na drobne okruszki za pomocą wałka do ciasta lub grzbietu łyżki.

b) W misce przeznaczonej do kuchenki mikrofalowej lub w podwójnym bojlerze rozpuść połowę mlecznej czekolady (100 g). Podgrzewaj w krótkich odstępach czasu w kuchence mikrofalowej lub powoli roztapiaj nad gotującą się wodą w podwójnym bojlerze. Mieszaj, aż będzie gładka i całkowicie roztopiona.

c) Wyłóż małe prostokątne lub kwadratowe naczynie (około 6 x 6 cali) papierem pergaminowym, pozostawiając trochę zwisów po bokach.

d) Do wyłożonego papierem naczynia wlać roztopioną czekoladę, rozprowadzając ją równomiernie tak, aby powstała cienka warstwa dolna. Włóż do lodówki do stężenia na czas przygotowania nadzienia waflowego.

e) W osobnej misce, którą można używać w kuchence mikrofalowej lub w rondlu, rozpuść niesolone masło. Dodaj skondensowane mleko i ekstrakt waniliowy i mieszaj, aż dobrze się połączą.

f) Wymieszaj pokruszone ciastka waflowe z masłem i skondensowanym mlekiem, upewniając się, że są równomiernie pokryte.
g) Po stwardnieniu wyjmij naczynie z warstwą czekolady z lodówki. Ostrożnie i równomiernie rozprowadź masę waflową na warstwie czekolady, delikatnie dociskając ją szpatułką.
h) Pozostałą połowę mlecznej czekolady (100 g) roztopić w taki sam sposób jak poprzednio.
i) Na nadzienie waflowe wylewamy roztopioną czekoladę, całkowicie ją przykrywając i wygładzając wierzch szpatułką.
j) Włóż naczynie z powrotem do lodówki i pozostaw batony na co najmniej 2 godziny lub do momentu, aż czekolada stwardnieje.
k) Gdy batony całkowicie się zetną, wyjmij je z naczynia za pomocą pergaminowego występu. Połóż je na desce do krojenia.
l) Za pomocą ostrego noża pokrój batony w palce, tworząc 10 palców z każdego z 5 batoników.

SERNIK:
a) Zacznij od natłuszczenia dna i boków tortownicy o średnicy 20 cm z luźnym dnem, a następnie wyłóż ją pergaminem do pieczenia.
b) W robocie kuchennym zmiksuj ciastka trawienne i wafle, które właśnie zrobiłeś, aż zamienią się w drobne okruszki.
c) Dodać roztopione masło i dobrze wymieszać. Równomiernie wciśnij tę mieszaninę do przygotowanej formy, wygładzając ją grzbietem łyżki. Pozwól mu ostygnąć i przejdź do nadzienia.
d) W rondlu delikatnie podgrzej śmietankę do momentu, aż zacznie się gotować. Zdjąć z ognia i dodać posiekaną gorzką czekoladę. Odstawić na 2 minuty, następnie mieszać, aż czekolada całkowicie połączy się z kremem.
e) Gdy masa czekoladowo-kremowa odpoczywa, drewnianą łyżką ubić miękki ser, cukier puder, jogurt grecki i wanilię, aż składniki się dobrze połączą.
f) Stopniowo dodawaj masę sernikową do masy czekoladowo-kremowej, dodając po dużej łyżce. Mieszaj, aż wszystko się dokładnie połączy.
g) Wylej tę niebiańską mieszankę czekoladową na schłodzony spód biszkoptowo-waflowy, dbając o równomierne rozprowadzenie. Wygładź wierzch szpatułką.
h) Sernik musi stwardnieć, dlatego należy go wstawić do lodówki na co najmniej 6 godzin, a jeszcze lepiej jest na noc.

i) Gdy będziesz gotowy do podania, delikatnie wyjmij sernik z formy i usuń papier pergaminowy. Połóż go na talerzu do serwowania.

j) Aby dodać mu blasku, tuż przed podaniem udekoruj sernik pozostałymi paluszkami waflowymi.

68. Wafle z mrożonego jogurtu truskawkowego

Ilość: 12 wafli

SKŁADNIKI:
BARDZO GRUBE WAFLE LODOWE
- 1 Mąkę o wszechstronnym przeznaczeniu
- ½ szklanki granulowanego cukru
- ¼ szklanki niesolonego masła, roztopionego
- ¼ szklanki mleka
- ½ łyżeczki ekstraktu waniliowego
- Szczypta soli
- Spray do gotowania lub dodatkowe roztopione masło (do natłuszczenia gofrownicy)

POŻYWNY
- 250 g truskawek bez łusek plus dodatkowe 125 g truskawek bez łusek i drobno posiekanych
- ½ szklanki (110 g) cukru pudru
- 500g organicznego jogurtu greckiego
- ½ szklanki (125 ml) czystej (rzadkiej) śmietanki

INSTRUKCJE:
BARDZO GRUBE WAFLE LODOWE
a) Rozgrzej gofrownicę zgodnie z instrukcją producenta.
b) W misce wymieszaj mąkę uniwersalną, cukier kryształ i szczyptę soli.
c) W osobnej misce, którą można używać w kuchence mikrofalowej, rozpuść niesolone masło.
d) Do suchych składników dodać roztopione masło, mleko i ekstrakt waniliowy. Mieszaj, aż uzyskasz gładkie ciasto. Powinno być gęste, ale lejące.
e) Lekko nasmaruj gofrownicę sprayem kuchennym lub roztopionym masłem.
f) Na rozgrzaną gofrownicę wlać taką ilość ciasta, aby przykryła około ⅔ kratki waflowej. Ilość potrzebnego ciasta będzie zależała od wielkości gofrownicy.
g) Zamknąć gofrownicę i piec zgodnie z instrukcją producenta, aż wafle będą złocistobrązowe i chrupiące. Zwykle zajmuje to około 2–4 minut.
h) Ostrożnie wyjmij wafle z gofrownicy za pomocą widelca lub szpatułki. Powinny być elastyczne, gdy są gorące, ale staną się chrupiące, gdy ostygną.

i) Gorące wafle układamy na metalowej kratce do całkowitego wystygnięcia. Po ostygnięciu staną się wyjątkowo grubymi waflami lodowymi.

PRZYGOTOWANIE MIESZANKI JOGURTOWEJ TRUSKAWKOWEJ:
a) Zacznij od umieszczenia 250 g obranych truskawek i cukru pudru w robocie kuchennym. Przetwarzaj, aż mieszanina stanie się gładka.
b) Dodaj organiczny jogurt grecki do masy truskawkowej w robocie kuchennym. Przetwarzaj ponownie, aż wszystko się dobrze połączy.
c) Wlej mieszankę jogurtu truskawkowego do dużego, płytkiego plastikowego pojemnika. Przykryj pokrywką lub folią i włóż do zamrażarki.
d) Pozostawić do zamrożenia na około 3 godziny lub do momentu, aż stwardnieje.

PRZYGOTOWANIE NADZIENIA JOGURTOWEGO:
e) Nasmaruj patelnię typu lamington o wymiarach 20 cm x 30 cm lekkim spryskaniem olejem roślinnym w sprayu. Wyłóż spód i dwa dłuższe boki formy arkuszem papieru do pieczenia, docinając go tak, aby pasował.
f) Używając elektrycznych ubijaków, ubij czystą (rzadką) śmietankę w dużej misce, aż utworzą się miękkie szczyty.
g) Wyjmij masę jogurtowo-truskawkową z zamrażarki. Grubo go posiekaj, a następnie zmiel w robocie kuchennym, aż stanie się gładki.
h) Złóż przetworzoną mieszankę jogurtu truskawkowego z bitą śmietaną. Wymieszaj dodatkowe posiekane truskawki, aby stworzyć pyszne nadzienie.
i) Rozłóż równomiernie mieszankę jogurtu i truskawek na dnie przygotowanej formy do lamingtonów.
j) Przykryj patelnię plastikową folią i włóż ją z powrotem do zamrażarki. Pozostawić do zamrożenia na około 4 godziny lub do momentu, aż stanie się twarde.

MONTAŻ MROŻONYCH WAFLI JOGURTOWYCH Z TRUSKAWKĄ:
k) Przełóż zamrożony kawałek jogurtu truskawkowego na deskę do krojenia. Zdejmij papier do pieczenia i odetnij krawędzie, tworząc zgrabny prostokąt.
l) Użyj jednego z bardzo grubych wafli lodowych jako wzorca rozmiaru. Pokrój mrożony jogurt na 12 kawałków o pasujących wymiarach.
m) Ułóż każdy kawałek mrożonego jogurtu truskawkowego pomiędzy dwoma bardzo grubymi waflami lodów, aby stworzyć pyszne wafle mrożonego jogurtu truskawkowego.

n) Podawaj natychmiast i ciesz się domowymi waflami mrożonego jogurtu truskawkowego – rozkoszną i orzeźwiającą ucztą!

69. Wafle kawowo-lodowe

Sprawia: 6

SKŁADNIKI:
POŻYWNY
- 4 żółtka
- 6 łyżek cukru pudru
- 1 łyżeczka mąki kukurydzianej
- 300 ml mleka
- 1 filiżanka (250 ml) czarnej kawy, ostudzona
- 150 ml gęstej śmietanki
- 100 g gorzkiej czekolady

WAFLE
- 1 Mąkę o wszechstronnym przeznaczeniu
- ¼ szklanki granulowanego cukru
- ¼ szklanki niesolonego masła, miękkiego
- ¼ szklanki mleka
- ½ łyżeczki ekstraktu waniliowego
- Szczypta soli

INSTRUKCJE:
WAFLE
a) W misce miksującej utrzyj miękkie masło z cukrem, aż dobrze się połączą.
b) Do mieszanki masła i cukru dodaj ekstrakt waniliowy i szczyptę soli. Mieszaj aż do połączenia.
c) Stopniowo dodawaj na zmianę mąkę i mleko, zaczynając i kończąc na mące. Mieszaj, aż uzyskasz gładkie ciasto.
d) Ciasto podzielić na 12 równych części i każdą z nich uformować w kulkę.
e) Rozgrzej gofrownicę lub prasę do wafli zgodnie z instrukcjami producenta.
f) Umieść jedną kulkę ciasta na środku każdej części gofrownicy. Zamknij gofrownicę i piecz, aż wafle staną się złotobrązowe i chrupiące. Czas gotowania może się różnić w zależności od gofrownicy, ale zazwyczaj trwa od 2 do 4 minut.
g) Ostrożnie wyjmij wafle z gofrownicy za pomocą widelca lub szpatułki, gdyż będą gorące.
h) Pozostawić wafle do ostygnięcia na drucianej kratce. W miarę ostygnięcia będą nadal twardnieć.

POŻYWNY
i) Do miski włóż żółtka, cukier i mąkę kukurydzianą i ubijaj, aż masa będzie bardzo jasna i puszysta.
j) Do rondelka wlewamy mleko i podgrzewamy aż się zagotuje, po czym wlewamy je do masy jajecznej cały czas ubijając do połączenia.
k) Wlać mieszaninę do rondla i gotować na bardzo małym ogniu, mieszając, aż zgęstnieje. Zdjąć z ognia, dodać ostudzoną czarną kawę i wymieszać do połączenia. Wstawić do lodówki na 30 minut do schłodzenia.
l) Ubić gęstą śmietanę i dodać ją do mieszanki lodów kawowych. Połączoną mieszaninę wlać do płytkiego pojemnika i zamrażać, aż zamarznie na brzegach.
m) Wyjmij pojemnik z zamrażarki i ubijaj lody elektryczną trzepaczką. Wlać z powrotem do pojemnika i ponownie zamrozić. Powtórz ten krok 2 lub 3 razy, aby uzyskać gładszą konsystencję lodów. Jeśli posiadasz maszynę do lodów, możesz z niej korzystać, postępując zgodnie ze wskazówkami producenta.
n) Wyłóż blachę do lamingtonów o wymiarach 20 x 30 cm folią, rozłóż na niej lody i zamroź, aż stwardnieją.

o) Zamrożone lody wyłóż na deskę, zdejmij i wyrzuć folię. Szybko użyj wafla jako szablonu do wycięcia z lodów prostokątów (ewentualne kawałki zamroź i wykorzystaj do zrobienia affogato).

p) Rozpuść gorzką czekoladę w misce ustawionej na garnku z gotującą się wodą (uważaj, aby miska nie dotykała wody). Pozwól roztopionej czekoladzie lekko ostygnąć.

q) Obtocz obie strony każdego wafla w roztopionej czekoladzie. Możesz użyć pędzla do ciasta, aby pokryć trudno dostępne miejsca.

ZŁOŻYĆ

r) Przed podaniem umieść każdy kawałek lodów pomiędzy 2 waflami. Podawać je na schłodzonych talerzach. Wafle kawowo-lodowe doskonale smakują w połączeniu z małymi szklankami gorącej, mocnej kawy.

70. Kanapka Lodowa Waflowa Czekoladowa

SKŁADNIKI:
- ½ galona lekko zmiękczonych lodów

NA CIASTECZKA CZEKOLADOWE:
- 13 ⅓ uncji mąki uniwersalnej
- 3 ½ uncji kakao w proszku
- ¾ łyżeczki soli
- 7 uncji granulowanego cukru
- 10 uncji niesolonego masła
- 2 żółtka
- 2 łyżeczki ekstraktu waniliowego

INSTRUKCJE:

a) Wciśnij lekko zmiękczone lody do blachy do pieczenia o wymiarach 9 x 13 cali wyłożonej papierem pergaminowym. Wygładź wierzch, a następnie włóż do zamrażarki na co najmniej godzinę.

b) Rozgrzej piekarnik do 175°C (350°F). Umieścić jedną półkę w górnej środkowej części piekarnika, a drugą w dolnej środkowej części piekarnika.

c) W średniej wielkości misce przesiej mąkę uniwersalną, kakao w proszku i sól.

d) Używając miksera ustawionego na średnią prędkość, utrzyj granulowany cukier i niesolone masło, aż mieszanina stanie się jasna i pienista.

e) Kontynuując miksowanie, dodaj żółtka i ekstrakt waniliowy.

f) Delikatnie wymieszaj z przesianą mąką i kakao, uważając, aby nie wymieszać ciasta.

g) Ciasto podzielić na pół i z każdej połówki uformować kwadrat o boku 5 cm. Każdy kwadrat zawiń w folię i wstaw do lodówki na 30 minut.

h) Połóż jeden z kwadratów ciasta na lekko posypanej mąką powierzchni roboczej i rozwałkuj go na prostokąt o wymiarach 8 x 12 cali. Pokrój go na 12 pojedynczych ciasteczek o wymiarach 4 x 2 cale. Powtórzyć proces z drugim kwadratem ciasta.

i) Za pomocą płaskiej szpatułki ostrożnie przenieś ciasteczka na dwie wyłożone pergaminem blachy do pieczenia. Następnie wykonaj 15 dziurek w każdym ciasteczku za pomocą spiczastego przedmiotu.

j) Piecz ciasteczka przez 10-12 minut, zmieniając blachy do pieczenia z dołu na górę i od przodu do tyłu po 5-6 minutach.

k) Po upieczeniu wyjmij ciasteczka z piekarnika i poczekaj, aż całkowicie ostygną, zanim przejdziesz do kolejnych kroków.

l) Wyjmij lody z tacy, przytnij krawędzie, aby uzyskać bardziej przejrzysty wygląd, i pokrój lody na 12 prostokątów o wymiarach 4 x 2 cale.

m) Złóż każdą kanapkę z lodami, umieszczając jeden prostokąt lodów pomiędzy dwoma ciasteczkami. Każdą kanapkę z lodami zawiń w folię spożywczą i wstaw do lodówki na noc, aby lody zmiękły.

71. Kanapki lodowe z rabarbarową niespodzianką

SKŁADNIKI:
WAFLE
- 1 Mąkę o wszechstronnym przeznaczeniu
- ½ szklanki roztopionego, niesolonego masła
- ½ szklanki granulowanego cukru
- ¼ szklanki pełnego mleka
- ½ łyżeczki ekstraktu waniliowego
- Szczypta soli

LODY
- 4 żółtka
- 250ml mleka
- 500 ml śmietanki podwójnej
- 100 g cukru pudru
- 5 łodyg rabarbaru

INSTRUKCJE:
WAFLE
a) W misce wymieszaj roztopione, niesolone masło, cukier granulowany, pełne mleko, ekstrakt waniliowy i szczyptę soli. Mieszaj, aż wszystkie składniki dobrze się połączą.
b) Do mokrych składników stopniowo dodawaj mąkę uniwersalną, cały czas mieszając. Kontynuuj mieszanie, aż uzyskasz gładkie i dość rzadkie ciasto.
c) Rozgrzej patelnię z powłoką nieprzywierającą lub urządzenie do robienia wafli na średnim ogniu. Jeśli używasz patelni, lekko nasmaruj ją niewielką ilością masła lub sprayu kuchennego.
d) Wlać niewielką ilość ciasta na patelnię lub do formy do wafli. Rozsmaruj go cienko, tworząc okrągły wafelek. Staraj się uzyskać grubość od około 1/16 do ⅛ cala.
e) Smaż wafelek przez około 2-3 minuty z każdej strony lub do momentu, aż nabierze złotobrązowego koloru. Jeśli używasz patelni, użyj szpatułki, aby ostrożnie odwrócić wafelek.
f) Kontynuuj tworzenie dodatkowych arkuszy wafli, powtarzając proces gotowania z pozostałym ciastem. Przygotuj tyle arkuszy waflowych, ile potrzeba do kanapek z lodami.
g) Poczekaj, aż domowe arkusze wafli całkowicie ostygną na czystej powierzchni lub ruszcie. Gdy ostygną, staną się chrupiące.

LODY
h) Piec rabarbar w piekarniku nagrzanym do 150°C (300°F) przez około 20 minut, aż stanie się miękki, ale nadal będzie zachowywał swój kształt. Odłóż węższe łodygi na dziewięć kawałków i pozwól im spuścić nadmiar soku. Pozostały rabarbar zmiksuj w blenderze.
i) W rondlu podgrzej mleko z cukrem, aż zacznie wrzeć, ale nie zagotuj się.
j) Do powstałej masy dodaj podwójną śmietanę.
k) W osobnej misce ubij żółtka i dodaj szklankę ciepłej śmietany, aby je zahartować.
l) Dodaj mieszaninę jajek do podgrzanej mieszanki mleka i śmietany i gotuj delikatnie, aż zacznie gęstnieć i pokryje grzbiet szpatułki.
m) Zdjąć z ognia i dokładnie schłodzić mieszaninę przed ubijaniem jej w maszynie do lodów.
n) Około pięć minut przed zakończeniem ubijania lodów przez maszynę dodaj puree z rabarbaru, aby nadać smak bazie kremu.

o) Upewnij się, że lody są nadal miękkie i plastyczne.
p) Nałóż łyżkę lodów na spód każdej części tacki na kostki lodowe.
q) Na lodach ułóż kawałek pieczonego rabarbaru.
r) Rabarbar i lody przykryj kolejną łyżką lodów, tak aby nie było żadnych szczelin.
s) Włóż blachę na płasko do zamrażarki i schładzaj przez kilka godzin, aż kostki lodów stwardnieją.
t) Kiedy już będziesz gotowy, aby delektować się kanapkami z lodami, wyjmij tackę z zamrażarki na około 5 minut przed podaniem.
u) Przesuń tępym nożem wokół bloków lodów, aby je poluzować – powinny wyskoczyć w jednym kawałku.

ZŁOŻYĆ

v) Włóż każdy blok lodów pomiędzy dwa prostokątne wafle lodowe, aby stworzyć pyszne kanapki z lodami.

72. Wafle z koronką migdałową

Na: 27 wafli

SKŁADNIKI:
- ¾ szklanki startych, nieblanszowanych migdałów
- ½ szklanki niesolonego masła
- ½ szklanki) cukru
- 1 łyżka mąki
- 1 łyżka gęstej śmietany lub skondensowanego mleka
- 1 łyżka pełnego mleka

INSTRUKCJE:
a) Rozgrzej piekarnik do 175°C (350°F).
b) Nasmaruj tłuszczem i mąką dwie blachy ciastek, aby zapobiec sklejaniu się.
c) Umieść starte, nieblanszowane migdały (lub mączkę migdałową) w rondlu.
d) Wymieszaj wszystkie pozostałe składniki: niesolone masło, cukier, mąkę, gęstą śmietanę (lub mleko skondensowane) i mleko pełne.
e) Gotuj tę mieszaninę na małym ogniu, aż masło się rozpuści, ciągle mieszając. Ciasto będzie dość rzadkie.
f) Za pomocą łyżeczki nałóż małe porcje ciasta na przygotowane arkusze ciastek, zachowując odstępy około 2 cali. Na każdym arkuszu należy ułożyć tylko 5-6 porcji, gdyż ciasto będzie się rozpływać podczas pieczenia.
g) Piec w nagrzanym piekarniku przez 7 do 9 minut lub do momentu, aż wafle nabiorą jasnokarmelowego koloru z musującym środkiem. Należy je uważnie obserwować, aby zapobiec nadmiernemu brązowieniu, ponieważ szybko mogą zmienić kolor ze złotego na zbyt ciemny.
h) Pozostawić wafle do ostygnięcia na około 1 minutę, po czym natychmiast przenieść je DO GÓRY DO DÓŁ na kartkę woskowanego papieru.
i) Pracuj szybko i gdy ciasteczka są jeszcze elastyczne, zawiń każde wokół rączki drewnianej łyżki, tworząc luźny wałek. Jeśli ciasteczka zaczną twardnieć i trudno będzie się je wałkować, możesz je ponownie włożyć na 1 minutę do piekarnika, aby zmiękły.
j) Pozostaw zwinięte wafle migdałowe do całkowitego ostygnięcia.
k) Delektuj się tymi delikatnymi i chrupiącymi migdałowymi waflami jako rozkoszą!

73. Wafle brandy

Sprawia: 1 partia

SKŁADNIKI:
- 2 uncje złotego syropu
- 2 uncje masła
- 2 uncje mąki
- 2 uncje cukru pudru
- ½ łyżeczki brandy
- ½ łyżeczki mielonego imbiru

INSTRUKCJE:

a) Rozgrzej piekarnik do 230°C lub użyj znaku 8 na ustawieniach piekarnika. Nasmaruj blachy do pieczenia.

b) W rondlu rozpuść masło, złoty syrop i cukier puder na bardzo delikatnym ogniu. Mieszaj ciągle, aż mieszanina dobrze się połączy.

c) Wymieszaj mąkę, mielony imbir i brandy. Wszystko dokładnie wymieszaj.

d) Kontynuuj ubijanie mieszaniny przez około 5 minut, aż stanie się gładka i dobrze wchłonięta.

e) Na natłuszczoną blachę do pieczenia nakładaj małą łyżeczkę mieszanki, pamiętając o zachowaniu odpowiednich odstępów.

f) Piecz wafle w nagrzanym piekarniku przez około 5 minut lub do momentu, aż nabiorą jasnozłotego koloru.

g) Gdy wafle są jeszcze gorące, ostrożnie zawiń każdy z nich wokół natłuszczonej rączki dużej drewnianej łyżki. To nada im charakterystyczny kształt.

h) Zwinięte wafle odstawiamy do ostygnięcia.

i) Po całkowitym ostygnięciu można w razie potrzeby wypełnić je świeżą bitą śmietaną.

74. Roladki waflowe z orzechową czekoladą i pralinami

SKŁADNIKI:

DO WAFLI WALCOWANYCH:
- 80 g roztopionego masła
- 4 arkusze ciasta filo

DO WYPEŁNIENIA:
- 160g Kremu czekoladowo-orzechowego Akis
- 100 g orzechów włoskich, zmielonych

DLA CUKRU AROMATYCZNEGO:
- 80 g cukru kryształu
- ½ łyżeczki mielonego cynamonu

INSTRUKCJE:

DLA CUKRU AROMATYCZNEGO:

a) Na talerzu wymieszaj łyżką cukier granulowany i mielony cynamon. Odłóż na bok do późniejszego wykorzystania.

DO WAFLI WALCOWANYCH:

b) Rozgrzej piekarnik do 180°C (350°F) z włączonym wentylatorem.

c) Użyj rączki drewnianej łyżki, aby uformować 24 cylindry z arkuszy folii aluminiowej. Każdy cylinder powinien mieć około 7-8 cm długości.

d) Skrop jeden arkusz ciasta filo roztopionym masłem, uważając, aby go nie potrzeć ani nie dotknąć. Na wierzchu ułóż kolejny arkusz ciasta filo i posmaruj roztopionym masłem.

e) Za pomocą ostrego noża pokrój arkusze na 12 pasków o szerokości około 7-8 cm każdy.

f) Umieść cylinder z folii aluminiowej na dole każdego paska filo i owiń go wokół cylindra. Tworzysz wafle, które możesz wypełnić później.

g) Skrop zwinięte wafle roztopionym masłem, a następnie obtocz je w aromatycznym cukrze, tak aby je pokryły.

h) Wafle przekładamy na blachę wyłożoną papierem do pieczenia.

i) Piecz przez 9-10 minut lub do momentu, aż nabiorą złocistego koloru i staną się chrupiące.

j) Wyjmij z piekarnika i pozwól im ostygnąć. Powtórz tę czynność z pozostałymi 2 arkuszami ciasta filo.

DO WYPEŁNIENIA:

k) Połącz sos pralinowo-czekoladowy z orzechami laskowymi i pokruszonymi orzechami włoskimi. Przenieść tę mieszaninę do worka cukierniczego.

l) Gdy zwinięte wafle ostygną na tyle, że można je nimi manipulować, zdejmij folię aluminiową. Włóż rurkę do wyciskania do każdego wafla i napełnij je mieszanką orzechów laskowych, czekolady i orzechów.

75. Hiszpańskie Bułki Waflowe (Neula)

Na: 4 porcje

SKŁADNIKI:
- ½ szklanki masła (temperatura pokojowa)
- ½ szklanki) cukru
- 2 jajka
- 1 żółtko
- ½ szklanki mleka (świeżego lub zagęszczonego)
- 1 łyżeczka ekstraktu waniliowego
- ¾ szklanki mąki uniwersalnej
- 2 łyżki mąki kukurydzianej
- ¼ łyżeczki soli

INSTRUKCJE:
a) Ubij zmiękczone masło, aż stanie się gładkie.
b) Dodać cukier i dalej miksować, aż masa stanie się jasna i puszysta. Potrzyj miskę, aby połączyły się wszystkie składniki.
c) Dodawać po jednym jajku, dobrze miksując po każdym dodaniu. Pamiętaj, aby od czasu do czasu skrobać boki miski.
d) Dodać żółtko i wymieszać.
e) Wlać pół szklanki mleka i dodać odrobinę ekstraktu waniliowego.
f) Przesiej mąkę uniwersalną, mąkę kukurydzianą i sól przez sito, aby uzyskać gładkie ciasto.
g) Rozgrzej roti maker. Włóż do niego jedną miarkę ciasta, zamknij i odczekaj 45 sekund.
h) Otwórz pokrywkę i zwiń ugotowany wafel za pomocą dwóch patyczków.
i) Zwinięte wafle pozostawić do ostygnięcia.

76. Wafle parmezanowe

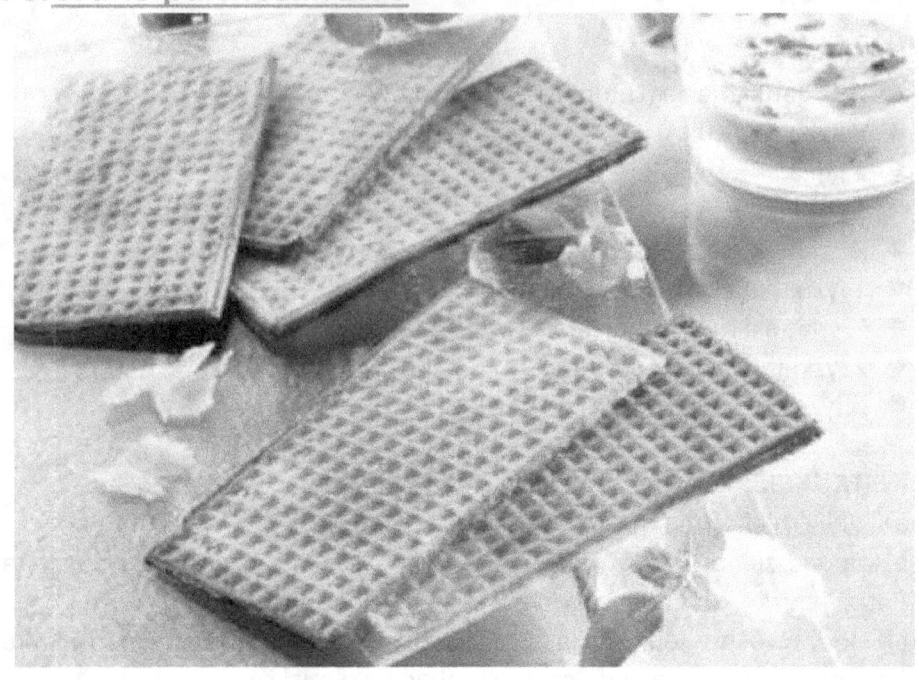

Ilość: 4 sztuki

SKŁADNIKI:

- 350 ml mleka
- 20 g cukru
- 3 jajka
- 85 g masła
- 30 g startego parmezanu
- Szczypta soli
- 85 g mąki uniwersalnej

INSTRUKCJE:

a) W misce wymieszaj mleko, cukier i szczyptę soli. Stopniowo dodawaj mąkę uniwersalną, cały czas mieszając, aby uniknąć grudek.
b) Oddziel żółtka od białek. Do masy mleczno-mącznej dodać żółtka i roztopione masło. Dokładnie wymieszaj, aż ciasto dobrze się połączy.
c) Ciasto odstawiamy w chłodne miejsce na około 1 godzinę. Ten okres odpoczynku pozwala, aby smaki się połączyły, a ciasto lekko zgęstniało.
d) W osobnej misce ubić białka na sztywną pianę. Dzięki temu Twoje wafle zyskają lekką i przewiewną konsystencję.
e) Delikatnie dodaj do ciasta starty parmezan i ubite białka. Ostrożnie wymieszaj te składniki, aby zachować puszystą konsystencję.
f) Rozgrzej patelnię lub patelnię z powłoką nieprzywierającą na średnim ogniu.
g) Na patelnię wylewamy porcję ciasta, formując wafle o pożądanej wielkości. Gotuj każdy wafelek przez 3 do 5 minut lub do momentu, aż na dnie zmienią kolor na złocistobrązowy. Zauważysz, że nabrzmiewają i stają się chrupiące na brzegach.
h) Ostrożnie przewróć wafle za pomocą szpatułki i smaż przez dodatkowe 3 do 5 minut po drugiej stronie lub do momentu, aż staną się złotobrązowe i chrupiące.
i) Po ugotowaniu według własnych upodobań wyjmij wafle parmezanu z patelni i pozostaw je do ostygnięcia na drucianej kratce.
j) Podawaj te pikantne wafle z parmezanem jako wspaniałą przekąskę, przystawkę lub dodatek do różnych potraw. Ciesz się tandetną dobrocią!

77. Wafle z serem węgierskim

SKŁADNIKI:

- 500 g mąki zwykłej
- 100 g mąki tortowej i tortowej
- 200 g masła lub margaryny
- 150 g startego sera
- 2 żółtka
- 200ml kwaśnej śmietany
- 1 łyżeczka sody oczyszczonej
- 2 łyżeczki soli
- 1 łyżeczka nasion kminku i/lub mielonego pieprzu lub innej przyprawy według własnego gustu

INSTRUKCJE:

a) W misce wymieszaj mąkę pszenną, mąkę tortową i tortową, sól, sodę oczyszczoną i dowolne przyprawy, takie jak nasiona kminku, mielony pieprz lub inne przyprawy.
b) Zetrzyj masło i dodaj je do mieszanki mącznej. Następnie dodaj starty ser do mieszanki.
c) W osobnej misce wymieszaj śmietanę i żółtka.
d) Do suchych składników wlać śmietanę i żółtka. Zagniataj mieszaninę, aż powstanie gładkie i miękkie ciasto.
e) Włóż ciasto do lodówki na 30 minut, aby się schłodziło.
f) Rozgrzej maszynę do wafli.
g) Schłodzone ciasto pokroić na 4-6 kawałków i każdy z nich zwinąć w długi, ciasny wałek.
h) Każdy walec pokroić na 2 cm kawałki i umieścić po dwa na raz na maszynce do wafli.
i) Ściśnij je razem i natychmiast złóż. Szybko nabiorą pięknego złotego koloru.
j) Wyjmij wafle z urządzenia do wafli za pomocą szpatułki i umieść je w przygotowanej misce lub talerzu. Można je układać jeden na drugim i nie ma potrzeby stosowania hermetycznego pojemnika.
k) Przykryte serwetką długo zachowują chrupkość.

78. Wafle Cheddar

Na: około 3 tuziny małych wafli

SKŁADNIKI:
- 1 kostka masła, roztopiona
- 2 jajka
- ¼ łyżeczki czosnku w proszku
- ⅛ łyżeczki pieprzu cayenne
- ¼ łyżeczki mielonego białego pieprzu
- ½ łyżeczki soli
- ½ szklanki startego ostrego sera Cheddar
- 1 ½ łyżeczki proszku do pieczenia
- 2 filiżanki mąki uniwersalnej

INSTRUKCJE:
a) Rozgrzej piekarnik do 175°C (350°F).
b) W misce wymieszaj roztopione masło i jajka, aż uzyskasz kremową masę.
c) Dodaj starty ser cheddar i mieszaj, aż składniki dobrze się połączą.
d) Wymieszaj proszek do pieczenia, sól, biały pieprz, pieprz cayenne, proszek czosnkowy i mąkę. Mieszaj, aż wszystkie składniki dobrze się połączą.
e) Rozwałkuj ciasto na posypanej mąką powierzchni, aż będzie miało grubość nieco mniejszą niż ¼ cala.
f) Za pomocą foremek do ciastek wycinaj z ciasta małe kółka i układaj je na blasze wyłożonej papierem do pieczenia.
g) Piec w nagrzanym piekarniku przez około 20 minut lub do momentu, aż wafle staną się złociste.
h) Wafle Cheddar można również upiec, a następnie przechowywać w zamrażarce, gdzie zachowają świeżość nawet przez trzy miesiące.

79. Wafle z nasion sezamu

Na: około 4 tuziny wafli

SKŁADNIKI:
- 1 ½ szklanki nieprzesianej mąki uniwersalnej
- 1 łyżka cukru
- ½ łyżeczki soli
- ¼ szklanki (½ kostki) masła
- 3 łyżki tłuszczu warzywnego
- ⅔ szklanki prażonych nasion sezamu
- 1 duże jajko
- 3 łyżki mleka

INSTRUKCJE:
a) Rozgrzej piekarnik do 175°C i natłuść dwie duże blachy do pieczenia.
b) Na posypanej mąką powierzchni, gdzie rozwałkowałeś ciasto na grubość około ⅛ cala, użyj lekko posypanych mąką okrągłych lub świątecznych foremek do ciastek o średnicy 2 ½ cala, aby wyciąć ciasto na wafle.
c) Ostrożnie przenieś pokrojone wafle na natłuszczoną blachę do pieczenia, zachowując odstępy między nimi, aby umożliwić ich rozszerzanie podczas pieczenia.
d) Zachowanymi 2 łyżkami mieszanki jajeczno-mlecznej delikatnie posmaruj wierzch każdego wafla. Dzięki temu po upieczeniu nabiorą złotego połysku.
e) Włóż blachy do pieczenia do nagrzanego piekarnika i piecz wafle przez około 10 do 12 minut lub do momentu, aż staną się złotobrązowe i chrupiące.
f) Po upieczeniu wyjmij wafle z piekarnika i pozostaw je na kilka minut do ostygnięcia na blasze.
g) Po lekkim przestudzeniu przekładamy wafle na metalową kratkę do całkowitego wystygnięcia.
h) Po całkowitym ostygnięciu wafle sezamowe są gotowe do spożycia.

80. Wafle z szałwią i serem Cheddar

Ilość: 60 porcji

SKŁADNIKI:

- 2 łyżki nasion sezamu
- 2 łyżki maku
- 3 łyżki posiekanej świeżej szałwii (lub 1 łyżka suszonej szałwii)
- 1 ½ szklanki niebielonej mąki uniwersalnej
- ½ łyżeczki pieprzu cayenne
- ½ funta ostrego białego sera Cheddar pokrojonego w ½-calową kostkę
- 1 kostka niesolonego masła, pokrojona na kawałki wielkości łyżki stołowej

INSTRUKCJE:

a) Na średniej patelni, na średnim ogniu, praż nasiona sezamu, aż staną się złotobrązowe, ciągle potrząsając patelnią.
b) Powinno to zająć około 15 minut. Przenieś prażone nasiona sezamu do dużej miski i wymieszaj z makiem, posiekaną szałwią, mąką i pieprzem cayenne.
c) Za pomocą robota kuchennego z metalowym ostrzem posiekaj ostry biały ser cheddar, aż stanie się bardzo drobny. Dodać mąkę i przyprawy oraz kawałki masła. Przerabiaj mieszaninę, aż ciasto uformuje się w kulę.
d) Przenieś ciasto na lekko posypaną mąką powierzchnię i zwiń je w 12-calowy wałek. Ciasto schłodzić w lodówce przez 30 minut.
e) Rozgrzej piekarnik do 400 stopni Fahrenheita (200 stopni Celsjusza). Schłodzone ciasto pokroić na plastry o grubości ⅛ cala i ułożyć je na blasze do pieczenia.
f) Piecz wafle w nagrzanym piekarniku przez około 10 do 12 minut lub do momentu, aż nabiorą złotobrązowego koloru na brzegach.
g) Ciesz się waflami z szałwią i serem Cheddar!

81. Wafle Ciasteczka Cynamonowo-Bandy

Ilość: około 1 porcji

SKŁADNIKI:

- 2 duże jajka, ubite
- ½ szklanki + 1 łyżka cukru
- ½ szklanki + 1 łyżka oleju kuchennego i więcej na patelnię
- 1 łyżeczka mielonego cynamonu
- 2 łyżki brandy
- 1 ½ szklanki przesianej mąki

INSTRUKCJE:

a) Rozgrzej patelnię do pizzy (dostępną w specjalistycznych sklepach kuchennych), aż będzie gorąca i posmaruj ją olejem.

b) W średniej misce ubij jajka widelcem.

c) Do ubitych jajek dodać cukier, olej, mielony cynamon i brandy. Dobrze wymieszaj, aby połączyć wszystkie składniki.

d) Do powstałej masy dodajemy przesianą mąkę i mieszamy, aż ciasto stanie się gładkie.

e) Nakładaj ciasto łyżką na rozgrzaną, naoliwioną patelnię.

f) Gotuj przez około 40-45 sekund. Czasy gotowania mogą się różnić w zależności od konkretnej patelni.

g) Wafle powinny zmienić kolor na złotobrązowy i po upieczeniu powinny być łatwo wyjmowane widelcem. Nie powinny przyklejać się do patelni.

h) Po ugotowaniu zdejmij wafle z patelni i poczekaj, aż ostygną.

82. Wafle z mieszanymi nasionami

Na: około 60 ciasteczek

SKŁADNIKI:
- ½ szklanki organicznego niesolonego masła o temperaturze pokojowej
- ⅔ szklanki mąki uniwersalnej
- ¼ łyżeczki sody oczyszczonej
- 1 szklanka brązowego cukru, zapakowana
- 1 jajko
- 1 łyżeczka wanilii
- 1 ¼ szklanki mieszanych nasion (biały i czarny sezam, nasiona lnu)

INSTRUKCJE:
a) Rozgrzej piekarnik do 180°C (350°F). Blachę do pieczenia wyłóż papierem pergaminowym.
b) W średniej misce wymieszaj mąkę uniwersalną i sodę oczyszczoną. Odłóż tę mieszaninę na bok.
c) W innej średniej misce, używając miksera elektrycznego ustawionego na średnią prędkość, ubij niesolone masło o temperaturze pokojowej, brązowy cukier, jajko i wanilię, aż mieszanina zostanie dobrze wymieszana.
d) Zmniejsz prędkość miksera do niskich i stopniowo dodawaj mieszaninę mąki do mokrych składników. Kontynuuj mieszanie, aż wszystko się dobrze połączy.
e) Wymieszaj zmieszane nasiona (biały i czarny sezam, nasiona lnu) z ciastem, upewniając się, że są równomiernie rozłożone.
f) Na przygotowaną blachę do pieczenia nakładać łyżeczką ciasto (w odległości około 2 cali) od ciasta.
g) Piecz ciasteczka w nagrzanym piekarniku przez 10 do 14 minut lub do momentu, aż staną się złotobrązowe.
h) Pozostaw ciasteczka na blasze do ostygnięcia na około 5 minut, a następnie przenieś je na metalową kratkę, aby całkowicie ostygły.

83. Morawskie wafle z przyprawami

SKŁADNIKI:
- 1 ⅔ szklanki mąki uniwersalnej
- ½ łyżeczki drobnej soli
- ½ łyżeczki proszku do pieczenia
- ¼ łyżeczki sody oczyszczonej
- 1 łyżeczka mielonego cynamonu
- ¾ łyżeczki mielonego imbiru
- ¼ łyżeczki mielonych goździków
- ½ do ¾ łyżeczki drobno zmielonego białego pieprzu
- ½ łyżeczki suchej musztardy w proszku
- 6 łyżek niesolonego masła o temperaturze pokojowej
- ¾ szklanki cukru
- ¼ szklanki melasy
- 1 duże żółtko

INSTRUKCJE:
a) Rozgrzej piekarnik do 163 stopni C (325 stopni F).
b) W średniej misce wymieszaj mąkę uniwersalną, drobną sól, proszek do pieczenia, sodę oczyszczoną, mielony cynamon, mielony imbir, mielone goździki, drobno zmielony biały pieprz i suchą musztardę w proszku.
c) W dużej misce ubij niesolone masło i cukier za pomocą miksera elektrycznego ustawionego na średnio-dużą prędkość, aż mieszanina będzie połączona i lekko puszysta.
d) Ubij melasę i żółtko, aż dobrze się połączą.
e) Stopniowo dodawaj suche składniki do mokrej mieszanki i mieszaj na małych obrotach, aż ciasto się połączy i nadal będzie kruche, co powinno zająć około 3 minut. Za pomocą szpatułki wykonaj kilka obrotów ciasta, aby je połączyć.
f) Połóż arkusz woskowanego papieru na czystej powierzchni roboczej, a następnie połóż na nim około jednej trzeciej ciasta. Lekko dociśnij i przykryj kolejnym arkuszem woskowanego papieru.
g) Za pomocą rąk lub wałka delikatnie rozwałkuj ciasto na prostokąt. Rozwałkuj je, aż ciasto będzie tak cienkie, jak to możliwe, bez pękania, upewniając się, że nie jest grubsze niż 1/16 cala. Ma to kluczowe znaczenie w przypadku tych plików cookie; powinny być niesamowicie cienkie.
h) Ostrożnie zdejmij górną warstwę woskowanego papieru, a następnie luźno ją wymień.

i) Rozwałkowane ciasto przełóż na płaską blachę do pieczenia i zamroź, aż stanie się twarde i będzie można je łatwo oddzielić od woskowanego papieru, co powinno zająć około 30 minut. Powtórz ten proces z pozostałym ciastem.

j) Pokrój ciasto za pomocą małej (2–3 cali) okrągłej foremki do ciastek z karbami i włóż wycięte ciasteczka do zamrażarki na 15 minut, aby stwardniały.

k) Zamrożone ciasteczka przekładamy na blachę wyłożoną papierem do pieczenia i pieczemy w nagrzanym piekarniku, aż staną się chrupiące i lekko równomiernie zabarwione (ale nie brązowe), co powinno zająć około 10 minut.

84. Tuiles migdałowy

Ilość: Około 1 porcji

SKŁADNIKI:
- 5 łyżek niesolonego masła
- 2 duże białka jaj
- Szczypta soli
- ¾ szklanki + 1 łyżka cukru pudru
- ¼ łyżeczki ekstraktu migdałowego
- ⅓ szklanki + 2 łyżki mąki białej uniwersalnej lub niebielonej
- ½ szklanki posiekanych, nieblanszowanych migdałów

INSTRUKCJE:
a) Rozgrzej piekarnik do 175°C (350°F). Obficie natłuść kilka blach do pieczenia.
b) Przygotuj kilka wałków do ciasta, butelek po winie lub wałków o podobnej wielkości do uformowania wafli i lekko je natłuść.
c) W małym rondlu rozgrzej niesolone masło na małym ogniu. Zdejmij z ognia i pozwól mu się roztopić i lekko ostudzić.
d) W dużej misce ubić białka ze szczyptą soli na puszystą pianę.
e) Stopniowo przesiać cukier puder, ciągle ubijając, aż masa będzie gładka i dobrze wymieszana.
f) Dodaj ekstrakt migdałowy i wymieszaj, aż do całkowitego połączenia.
g) Stopniowo przesiej mąkę uniwersalną do mieszanki, kontynuując ubijanie, aż ciasto stanie się bardzo gładkie i lekko zgęstnione.
h) Dodawaj ostudzone, roztopione masło, aż ciasto dobrze się połączy.
i) Nałóż od 4 do 5 małych, zaokrąglonych łyżek ciasta na natłuszczoną blachę do pieczenia, upewniając się, że są one oddalone od siebie o co najmniej 3 ¼ cala. Porcje powinny być małe, gdyż urosną podczas pieczenia.
j) Używając końcówki noża stołowego, obracaj każdą łyżką ciasta okrężnymi ruchami, aby rozprowadzić je na okrągły kształt o średnicy 1 ¾ cala.
k) Każdą rundę obficie posypujemy pokrojonymi w plasterki migdałami.
l) Umieść blachę do pieczenia na górnej półce nagrzanego piekarnika i piecz przez 5 do 7 minut lub do momentu, aż wafle będą miały ½-calową brązową obwódkę.
m) W połowie pieczenia odwrócić blachę do pieczenia od przodu do tyłu, aby równomiernie się zarumieniła.

n) Wyjmij blachę do pieczenia z piekarnika i pozostaw ją na około 20 sekund. Dokładnie sprawdź krawędzie wafli za pomocą szpatułki i gdy tylko będą wystarczająco twarde, aby je unieść bez rozdarcia, szybko oddziel każdy wafel od arkusza za pomocą szpatułki o cienkich krawędziach i szerokim ostrzu.

o) Natychmiast nałóż wafle na wałki lub cylindry, aby nadać im zakrzywiony kształt.

p) Jeśli ostatnie wafle na blasze do pieczenia za bardzo ostygną podczas wyjmowania pozostałych, włóż ponownie blachę do pieczenia do piekarnika na 1–2 minuty, aby je ponownie podgrzać. Jednak nadal mogą być trudne do usunięcia.

q) Gdy tuiles będą sztywne, przenieś je z wałków na drucianą kratkę, aby całkowicie wystygły.

r) Przed ponownym użyciem należy upewnić się, że blachy do pieczenia są wystudzone, czyste i dokładnie natłuszczone. Powtórz proces z pozostałym ciastem.

s) Przechowuj tuiles w szczelnym pojemniku przez okres do tygodnia lub zamroź je w celu dłuższego przechowywania. Z waflami należy obchodzić się delikatnie, gdyż są bardzo delikatne.

t) Rozkoszuj się delikatnymi i chrupiącymi migdałowymi tuilesami!

85. Tuiles bez jajek

SKŁADNIKI:
- ½ szklanki bezmlecznego smarowidła lub margaryny
- ½ szklanki cukru pudru
- 2 łyżki aquafaby (płynu z ciecierzycy z puszki)
- 1 ½ łyżeczki esencji waniliowej
- Szczypta soli
- ¾ szklanki mąki zwykłej

INSTRUKCJE:
PRZYGOTUJ SZABLONY I ROZGRZEJ PIEKARNIK:
a) Najpierw wytnij dwa kartonowe szablony o średnicy 10-20 cm każdy.
b) Blaszkę wyłóż papierem do pieczenia i lekko natłuść lub użyj nieprzywierającej maty do pieczenia.
c) Rozgrzej piekarnik do 190 stopni Celsjusza (375 stopni Fahrenheita).

WYROB ciasto:
d) W misce wymieszaj bezmleczny krem do smarowania i cukier puder, aż mieszanina stanie się jasna i puszysta.
e) Ubić, dodać aquafabę i esencję waniliową. Jeśli mieszanina zacznie się kruszyć, szybko dodaj 1 łyżkę mąki, aby ją ustabilizować.
f) Stopniowo dodawaj resztę mąki i szczyptę soli, aż uzyskasz gładkie, aksamitne ciasto.

KSZTAŁTOWAĆ I PIEC:
g) Połóż jeden z kartonowych szablonów na przygotowanej blasze do pieczenia.
h) Wewnątrz szablonu rozprowadź cienką i równą warstwę ciasta, możliwie najdokładniej dopasowując się do kształtu szablonu.
i) Ostrożnie wyjmij szablon z ciasta, pozostawiając uformowany tuile na blasze do pieczenia.
j) Powtórz proces z drugim szablonem, pozostawiając wystarczającą ilość miejsca pomiędzy tuiles.
k) Piecz tuiles w nagrzanym piekarniku przez 8-10 minut lub do momentu, aż zaczną nabierać jasnozłotego koloru.
l) Wyjmij blachę do pieczenia z piekarnika i odczekaj kilka sekund.
m) Za pomocą noża paletowego delikatnie podnieś każdy tuile z blachy do pieczenia.
n) Natychmiast uformuj każdy tuile w preferowany kształt. Ostygną i utrzymają kształt w ciągu kilku sekund.

o) Tuiles bez jajek przechowuj w zamkniętym pojemniku, aż będziesz gotowy do ich użycia.

ABY ZROBIĆ KLASYCZNY TUILE:

p) Po wyjęciu z blachy natychmiast nałóż ciasteczko na wałek do ciasta. Powinien tworzyć prawidłowy wygląd zakrzywionych płytek.

ABY ZROBIĆ KOSZ:

q) Po wyjęciu z blachy dociśnij dno szklanki, tworząc kształt koszyczka.

ABY ZROBIĆ SŁOMKĘ:

r) Po upewnieniu się, że tuile nie jest już przyklejony do blachy za pomocą noża paletowego, delikatnie owiń go wokół rączki drewnianej łyżki.

s) Delektuj się domowymi tuiles bez jajek jako rozkoszną i wszechstronną ucztą!

86. Koronkowe tuiles kawowe

SKŁADNIKI:

- ½ szklanki roztopionego, niesolonego masła
- ½ szklanki granulowanego cukru
- ¼ filiżanki mocnej kawy parzonej, ostudzonej
- ¼ szklanki mąki uniwersalnej
- ¼ łyżeczki ekstraktu waniliowego
- Szczypta soli

INSTRUKCJE:

a) W misce wymieszaj roztopione, niesolone masło i cukier granulowany. Mieszaj, aż dobrze się połączy.
b) Wymieszać z mocną parzoną kawą i ekstraktem waniliowym. Mieszaj, aż będzie gładkie.
c) Stopniowo dodawaj do masy mąkę uniwersalną i szczyptę soli, mieszaj, aż uzyskasz gładkie ciasto. Ciasto powinno być rzadkie i lejące.
d) Rozgrzej piekarnik do 175°C (350°F).
e) Blachę do pieczenia wyłóż papierem pergaminowym.
f) Na przygotowaną blachę do pieczenia nakładać małymi łyżeczkami ciasta, zachowując odpowiednią przestrzeń między każdą łyżką, ponieważ tuiles urosną podczas pieczenia.
g) Tylną częścią łyżki nałóż każdą łyżkę ciasta na cienki, okrągły kształt. Staraj się uzyskać grubość od około 1/16 do ⅛ cala.
h) W razie potrzeby możesz zrobić tradycyjne okrągłe tuiles lub poeksperymentować z różnymi kształtami.
i) Włóż blachę do pieczenia do nagrzanego piekarnika i piecz przez około 6-8 minut lub do momentu, aż tuiles nabiorą jasnozłotego koloru na brzegach. Należy je uważnie obserwować, ponieważ mogą szybko się spalić.
j) Po wyjęciu tuiles z piekarnika będą giętkie. Można je kształtować, gdy są jeszcze ciepłe.
k) Aby uzyskać tradycyjne kształty tuile, delikatnie unieś każdy tuile szpatułką i ułóż go na wałku do ciasta lub krawędzi szklanki, aby uzyskać zakrzywiony kształt. Alternatywnie możesz pozostawić je płaskie, jeśli wolisz.
l) Pozostaw uformowane tuiles do ostygnięcia i ustawienia.
m) Gdy tuiles ostygną i staną się chrupiące, są gotowe do podania.

n) Podawaj swoje koronkowe tuilesy kawowe jako wspaniały dodatek do kawy lub herbaty lub jako dodatek do deserów, takich jak lody czy budynie.

87. Miodowe Tuiles

SKŁADNIKI:
- 2 łyżki masła, temperatura pokojowa
- ⅓ szklanki cukru pudru
- 1/5 szklanki miodu
- ⅓ szklanki mąki
- ⅛ łyżeczki soli
- 1 łyżeczka świeżo zmielonego cynamonu

INSTRUKCJE:
a) Rozgrzej piekarnik do 220°C (430°F).
b) Nasmaruj blachę do pieczenia masłem i włóż ją do lodówki.
c) Wytnij z tektury okrąg o średnicy 5 cm i połóż zewnętrzną część koła na blasze do pieczenia.
d) Zważ wszystkie składniki.

WYKONANIE TUILES MIODOWYCH:
e) W misce wymieszaj cukier puder z masłem i miksuj przez trzy minuty.
f) Dodaj miód i mieszaj przez kolejną minutę.
g) Wymieszaj mąkę, sól i cynamon i włóż ciasto do lodówki na 15 minut.
h) Na okrąg na blasze do pieczenia nałóż łyżeczkę ciasta i rozprowadź je spłaszczoną szpatułką.
i) Powtarzaj robienie tuiles, aż płyta do pieczenia będzie pełna.
j) Włóż ciasteczka do piekarnika na 3 minuty lub do momentu, aż tuiles staną się złotobrązowe.
k) Pozostaw ciasteczka do ostygnięcia na około minutę, a następnie poluzuj je szpatułką. Jeśli chcesz, żeby były gładkie, możesz pozwolić koronkowym ciasteczkom ostygnąć na drucianej kratce.
l) Aby stworzyć kształt półksiężyca, zwiń je wokół wałka do ciasta, a gdy lekko ostygną, wyjmij je z wałka i połóż na drucianej kratce.
m) Aby uzyskać kształt bułki, owiń tuiles wokół tylnej części drewnianej szpatułki. Pozwól im ostygnąć, a następnie wyjmij je z łopatki i umieść na metalowej kratce, aby jeszcze bardziej stwardniały.
n) Rozkoszuj się miodowymi tuiles oraz przewiewnymi i chrupiącymi ciasteczkami, które idealnie nadają się do herbaty lub jako wspaniały dodatek do deseru lodowego!

88. Roladki Tuile'a

SKŁADNIKI:

- ½ szklanki mąki uniwersalnej
- ½ szklanki cukru pudru (przesianego)
- 2 białka jaj
- 4 łyżki masła (roztopionego i ostudzonego)
- ½ łyżeczki czystego ekstraktu waniliowego
- ½ łyżeczki kakao w proszku (opcjonalnie)

INSTRUKCJE:

a) Rozgrzej piekarnik do 175 stopni C (350 stopni F).
b) Wyłóż 2 blachy arkuszami silikonu lub pergaminem.
c) W misce wymieszaj mąkę z cukrem pudrem. Mieszaj, aż dobrze się połączą.
d) Powoli dodawaj białka, wanilię oraz roztopione i ostudzone masło. Mieszaj trzepaczką, aż ciasto będzie gładkie.
e) Ciasto powinno mieć gęstą konsystencję, podobną do ciasta naleśnikowego.
f) Do mniejszej miski wsyp kakao. Dodać około 2-3 łyżki białego ciasta i wymieszać do uzyskania jednolitej masy.
g) Ciasto czekoladowe umieść w rękawie cukierniczym z małą okrągłą końcówką i odłóż na bok.
h) Na blachę nałóż 1 ½ łyżeczki oddzielonych kopczyków białego ciasta. Na każdej patelni powinno zmieścić się 4 lub 5 kopczyków.
i) Za pomocą małej szpatułki lub palca wskazującego rozprowadzaj ciasto cienko, okrężnymi ruchami, po każdym kopczyku.
j) Wyciśnij ciasto czekoladowe na wierzch białego ciasta, tworząc dowolny wzór, taki jak paski, zygzaki lub faliste linie.
k) Piec przez 5-9 minut, w zależności od piekarnika i grubości tworzonych kółek. Zewnętrzne krawędzie tuiles powinny zacząć brązowieć.
l) Szybko wyjmij tuiles z piekarnika i odwróć je.
m) Używając rączki drewnianej łyżki, zwiń każdy tuile w kształt cygara, a następnie zsuń cygaro z łyżki.
n) Kontynuuj zwijanie i formowanie pozostałych tuiles. Stwardnieją, gdy ostygną.
o) Pozostaw tuiles do całkowitego ostygnięcia na blasze z ciasteczkami.
p) Podawaj te chrupiące bułeczki tuile z ulubionymi lodami.
q) Przechowuj rolki tuile w hermetycznym pojemniku w temperaturze pokojowej.

89. Tuiles z kory brzozowej

Sprawia: 2 tuziny

SKŁADNIKI:
- 2 duże białka jaj
- ½ szklanki) cukru
- ½ szklanki niebielonej mąki uniwersalnej
- ¼ łyżeczki soli koszernej
- 2 ½ łyżki niesolonego masła, roztopionego i ostudzonego
- 4 ½ łyżeczki gęstej śmietanki
- ¼ łyżeczki czystego ekstraktu waniliowego
- 1 łyżka kakao pochodzenia holenderskiego

INSTRUKCJE:
a) Blachę do pieczenia wyłóż nieprzywierającą matą silikonową (papier pergaminowy też nie będzie odpowiedni). Rozgrzej piekarnik do 325 stopni Fahrenheita (165 stopni Celsjusza).
b) W misie miksującej ubijaj białka z cukrem na średnich obrotach, aż powstanie piana.
c) Do masy z białek dodać mąkę i sól i ubijać do połączenia.
d) Do mieszanki dodać roztopione i ostudzone masło, gęstą śmietankę i czysty ekstrakt waniliowy. Ubijaj do dokładnego połączenia.
e) Przełóż ½ szklanki ciasta do małej miski i wymieszaj z kakao w proszku typu holenderskiego. Przenieś tę mieszankę kakaową do rękawa cukierniczego wyposażonego w małą okrągłą końcówkę lub możesz użyć pędzla.
f) Wyciśnij małe kropki i kreski, imitujące korę brzozy, cienką warstwą po powierzchni silikonowej maty do pieczenia. Zamrozić matę z oznaczeniami na około 15 minut.
g) Umieść szablon nad oznaczeniami „brzozy" i nałóż na niego około 1 ½ łyżeczki ciasta. Rozprowadź równomiernie za pomocą małej, przesuniętej szpatułki; będzie bardzo cienkie. Niektóre oznaczenia mogą się rozmazywać, co jest w porządku, ponieważ dzięki temu wyglądają bardziej realistycznie. Powtórz ten proces, aby wypełnić blachę do pieczenia (około 6 na arkusz).
h) Zdejmij szablon i piecz, aż ciasto się zetnie i na kilku krawędziach będzie lekko złociste, co powinno zająć od 8 do 9 minut.
i) Pozwól ciasteczkom ostygnąć przez 30 sekund. Pracując z jednym ciasteczkiem na raz, poluzuj krawędzie szpatułką i wyjmij je z patelni. Zwiń

ciastko w rulon i połóż łączeniem do dołu na blasze lub blacie. Pozwól mu całkowicie ostygnąć. Jeśli ciasteczka zaczną się kruszyć przed zwijaniem, możesz włożyć je z powrotem do piekarnika na kilka sekund, aby się ogrzały.

j) Pomiędzy partiami czyść blachy do pieczenia i szablon, a następnie powtórz proces z pozostałym ciastem.

k) Te ciasteczka można przechowywać w hermetycznym pojemniku, z pergaminem pomiędzy warstwami, w temperaturze pokojowej do 3 dni.

90. Anyż Tuiles

Ilość: 30 porcji

SKŁADNIKI:

- 3 duże białka jaj
- ¾ szklanki cukru cukierniczego
- ½ szklanki mąki uniwersalnej
- 6 łyżek niesolonego masła (bez substytutów), roztopionego
- ¾ łyżeczki ekstraktu anyżowego
- ¼ łyżeczki soli

INSTRUKCJE:

a) Rozgrzej piekarnik do 175°C (350°F). Natłuść dużą blachę do pieczenia i odłóż ją na bok.

b) W dużej misce wymieszaj białka, cukier puder i mąkę. Wymieszaj te składniki, aż uzyskasz gładką i dobrze wymieszaną mieszaninę.

c) Do miski dodaj roztopione, niesolone masło, ekstrakt anyżowy i sól. Wymieszaj te składniki z ciastem, aż dokładnie się połączą.

d) Za pomocą czubatej łyżeczki ciasta nakładać porcje na przygotowaną blachę do pieczenia. Upewnij się, że pomiędzy każdą porcją została zachowana wystarczająca przestrzeń, pozwalająca na rozsmarowanie podczas pieczenia. Powinieneś starać się upiec nie więcej niż cztery ciasteczka na arkuszu na raz.

e) Za pomocą małej szpatułki delikatnie rozprowadź każdą porcję na 3-calowy okrągły kształt. Na tym etapie postępuj szybko, ponieważ ciasteczka muszą zostać uformowane, zanim stwardnieją po upieczeniu.

f) Piecz ciasteczka w nagrzanym piekarniku przez 5 do 7 minut lub do momentu, aż krawędzie nabiorą pięknego złotego koloru.

g) Za pomocą obracarki do naleśników natychmiast przenieś jedno ciasteczko na metalową kratkę. Gdy ciastko jest jeszcze ciepłe, świeżo umytymi rękami delikatnie uformuj jego brzegi w elegancki kształt rowka.

h) Powtórz proces formowania z pozostałymi ciasteczkami na blasze, pracując tak szybko, jak to możliwe. Jeśli ciasteczka staną się zbyt twarde, aby je uformować, włóż ponownie blachę do pieczenia na krótko do piekarnika, aby lekko je zmiękły.

i) Kontynuuj pieczenie i formowanie pozostałego ciasta, dbając o to, aby ciasteczka zachowały swój delikatny kształt.

j) Gdy Anise Tuiles ostygną, przechowuj je w hermetycznym pojemniku, gdzie pozostaną świeże i zachwycające nawet przez dwa tygodnie.

91. Truskawkowe Tuiles

Ilość: 20 porcji

Składniki:
- 100 gramów mielonych migdałów
- 25 gramów mąki pszennej
- 70 gramów cukru pudru
- 15 gramów pokruszonych suszonych truskawek
- 25 gramów masła, roztopionego i ostudzonego
- 1 duże białko jaja, lekko ubite

Instrukcje:

a) W misce wymieszaj zmielone migdały, mąkę pszenną, cukier puder i pokruszone suszone truskawki. Mieszaj je razem, aż będą dobrze wymieszane.

b) Do suchych składników dodać roztopione i ostudzone masło wraz z lekko ubitymi białkami. Mieszaj, aż mieszanina utworzy gładkie i spójne ciasto.

c) Przykryj ciasto i wstaw do lodówki na 30 minut. Ten etap schładzania sprawia, że ciasto stwardnieje i będzie łatwiejsze w obróbce.

d) Rozgrzej piekarnik do 160°C (325°F) lub do temperatury gazowej 3. Posmaruj masłem trzy blachy do pieczenia i odłóż je na bok.

e) Wyjmij schłodzone ciasto i nałóż łyżką 20 porcji na przygotowane blachy do pieczenia. Każdą porcję należy spłaszczyć, tworząc okrąg o średnicy około 3 cali i grubości około 1/16 cala. Upewnij się, że między każdym tuile jest wystarczająco dużo miejsca, ponieważ urosną podczas pieczenia.

f) Piec tuiles w nagrzanym piekarniku przez około 8 minut lub do momentu, aż nabiorą pięknego złotego koloru. Uważnie je obserwuj, ponieważ szybko mogą zmienić kolor z idealnie złocistego na przesadzony.

g) Gdy tuiles są jeszcze gorące, ostrożnie za pomocą noża do palet wyjmij każdy z blach do pieczenia. Natychmiast delikatnie dociśnij każdy tuile do wałka, aby uzyskać delikatny loki. Zachowaj ostrożność, ponieważ tuiles będą kruche na gorąco.

h) Pozwól, aby tuiley truskawkowe ostygły i stwardniały w zwiniętych kształtach. Gdy całkowicie ostygną i stwardnieją, ostrożnie zdejmij je z wałka.

i) Przechowuj truskawkowe tuiles w szczelnym pojemniku, aby zachować ich chrupkość i smak.

92. Imbirowe Wafle Migdałowe

Ilość: około 1 porcji

SKŁADNIKI:
- 1 ½ szklanki cukru pudru
- 1 ¼ szklanki mąki uniwersalnej
- ½ szklanki schłodzonego, niesolonego masła, pokrojonego w kostkę (1 kostka)
- 1 łyżka posiekanego, obranego świeżego imbiru
- 1 łyżka mielonego imbiru
- ½ łyżeczki mielonego cynamonu
- ½ łyżeczki soli
- ¾ szklanki Całe migdały, prażone
- 3 łyżki śmietanki do ubijania
- 3 łyżki posiekanego krystalizowanego imbiru
- Cukier puder (do maczania)

INSTRUKCJE:

a) Rozgrzej piekarnik do 160°C (325°F). Wyłóż 2 ciężkie i duże blachy do pieczenia papierem pergaminowym.

b) W robocie kuchennym wymieszaj cukier puder, mąkę uniwersalną, schłodzone, pokrojone w kostkę niesolone masło, posiekany świeży imbir, mielony imbir, mielony cynamon i sól. Mieszaj, włączając i wyłączając, aż mieszanina będzie przypominała gruboziarnisty posiłek.

c) Do robota dodaj prażone całe migdały, śmietankę i posiekany krystalizowany imbir. Całość wyrabiaj do momentu, aż w cieście utworzą się wilgotne grudki.

d) Z ciasta uformuj kulki o średnicy 1¼ cala i ułóż je na przygotowanej blasze do pieczenia.

e) Zwilż dno szklanki i zanurz ją w cukrze pudrze. Za pomocą szklanki wyciśnij każdą kulkę ciasta na grubość około ¼ cala.

f) Ciasteczka pieczemy w nagrzanym piekarniku, aż zarumienią się na spodzie i brzegach, co powinno zająć około 28 minut.

g) Przełożyć ciasteczka na kratkę do ostygnięcia.

h) Wafle imbirowo-migdałowe przechowuj w szczelnym pojemniku w temperaturze pokojowej.

i) Rozkoszuj się domowymi waflami imbirowo-migdałowymi z ich zachwycającym połączeniem smaków imbiru i migdałów!

93. Wafle z masłem orzechowym

Na: około 24 wafle

SKŁADNIKI:

- 4 szklanki mąki pszennej
- ½ szklanki mąki kukurydzianej
- 1 średnie jajko
- 1 ¼ szklanki posiekanych orzechów
- 1 łyżeczka wanilii
- 1 ½ szklanki wody (do 1)
- 3 szklanki niesłodzonych chipsów chleba świętojańskiego
- 4 łyżki oleju roślinnego
- Sos do maczania:
- Niesłodzone chipsy z chleba świętojańskiego
- Olej roślinny
- Posiekany kokos lub posiekane orzeszki ziemne do dekoracji

INSTRUKCJE:

a) Rozgrzej piekarnik do 375 stopni Fahrenheita (190 stopni Celsjusza).

b) W dużej misce wymieszaj mąkę pszenną, mąkę kukurydzianą, jajko, posiekane orzechy i wanilię.

c) Stopniowo dodawaj wodę i zagniataj ciasto ręcznie, aż powstanie ciasto. Możesz nie potrzebować pełnych 1 ½ szklanki wody; dodać tyle, aby uzyskać odpowiednią konsystencję ciasta.

d) Rozwałkuj ciasto na placki o grubości ¾ cala. Wafle można wycinać małą okrągłą foremką lub formować małe kulki i spłaszczać je ręcznie.

e) Ułóż wafle na blasze do pieczenia spryskanej nieprzywierającym sprayem kuchennym. Piec przez około 45 do 50 minut lub do momentu, aż się zarumienią.

f) W podwójnym kotle rozpuść niesłodzone chipsy chleba świętojańskiego i olej roślinny, aż będą gładkie.

g) Po upieczeniu wafle zanurzamy w roztopionej mieszance chleba świętojańskiego. W razie potrzeby można je udekorować posiekanymi kokosami lub posiekanymi orzeszkami ziemnymi.

h) Zanurzone wafle odkładamy na kratkę do ostygnięcia. Po całkowitym ostygnięciu przechowuj je w szczelnie zamkniętym pojemniku.

i) Te wafle z masłem orzechowym stanowią smaczną przekąskę, a po zanurzeniu w odtłuszczonym mleku mogą być również specjalną przekąską dla Twoich futrzanych przyjaciół. Cieszyć się!

94. Wafle pistacjowe

Ilość: Około 1 porcji

SKŁADNIKI:
- 3 białka jaj
- Szczypta soli
- ⅓ szklanki cukru rycynowego
- 1 szklanka zwykłej mąki
- 150 gramów orzechów pistacjowych łuskanych
- 1 łyżeczka kwiatu pomarańczy lub wody różanej

INSTRUKCJE:
a) W misce ubić białka ze szczyptą soli na sztywną pianę.
b) Do ubitych białek stopniowo dodawaj cukier rycynowy, kontynuuj ubijanie, aż masa stanie się lśniąca.
c) Delikatnie dodaj mąkę pszenną, orzechy pistacjowe i kwiat pomarańczy lub wodę różaną do mieszanki białek.
d) Formę do pieczenia natłuszczamy i oprószamy mąką.
e) Wlać mieszaninę do przygotowanej formy i piec w nagrzanym piekarniku do temperatury 180°C (350°F) przez 35 do 40 minut lub do momentu, aż wafle stwardnieją i lekko się zarumienią.
f) Po upieczeniu wyjąć z piekarnika, wyjąć wafle i pozostawić do ostygnięcia. Po ostygnięciu zawiń je w folię i wstaw do lodówki na noc.
g) Następnego dnia wafle drobno pokroić i ułożyć na blasze do pieczenia. Pozostaw je do wyschnięcia w chłodnym piekarniku, aż staną się chrupiące.
h) Wafle pistacjowe przechowuj w szczelnym pojemniku.
i) Ciesz się waflami pistacjowymi!

95. Wafle Orzechowe

Na: 3 porcje

SKŁADNIKI:
- ½ szklanki mąki
- 2 szklanki brązowego cukru
- ½ łyżeczki proszku do pieczenia
- 1 jajko
- ½ łyżeczki wanilii
- 1 szklanka czarnych orzechów włoskich, drobno posiekanych
- Szczypta soli

INSTRUKCJE:
a) Rozgrzej piekarnik do 175°C (350°F).
b) W misce wymieszaj mąkę, brązowy cukier, proszek do pieczenia i szczyptę soli.
c) Do suchych składników dodać jajko i ubić je razem, aż dobrze się połączą.
d) Do mieszanki dodaj ekstrakt waniliowy i drobno posiekane czarne orzechy włoskie.
e) Lekko wymieszaj, aż składniki dobrze się połączą.
f) Nakładaj łyżką ciasto na natłuszczoną blachę z ciasteczkami, zachowując odległość około 2 cali od siebie, aby umożliwić rozprowadzanie ciasta podczas pieczenia.
g) Piec wafle orzechowe w nagrzanym piekarniku przez około 8 minut lub do momentu, aż staną się złotobrązowe.
h) Wyjmij wafle z piekarnika i pozostaw je do ostygnięcia.
i) Te wafle orzechowe są teraz gotowe do spożycia!

96. Wafle Migdałowo-Rumowe

Na: 4 porcje

SKŁADNIKI:
- 1 kostka masła, miękkiego
- ½ szklanki cukru
- Tarta skórka z 1 cytryny
- 1 łyżka ciemnego rumu
- 2 białka jaj
- 1 szklanka zmielonych migdałów
- 6 łyżek mąki

INSTRUKCJE:
a) Zacznij od rozgrzania piekarnika do 350 stopni Fahrenheita.
b) W misce miksującej utrzyj zmiękczone masło, aż stanie się gładkie i kremowe.
c) Stopniowo dodawaj cukier do masła, ciągle mieszając, aż masa zmieni kolor na jaśniejszy i stanie się puszysta.
d) Wymieszaj startą skórkę z cytryny i ciemny rum, aż dobrze się połączą.
e) Dodawać po jednym białka, ubijając masę po każdym dodaniu, aż masa stanie się gładka.
f) W osobnej misce wymieszaj zmielone migdały i mąkę.
g) Delikatnie wymieszaj ręcznie mieszankę migdałów i mąki z ciastem, aż do całkowitego połączenia.
h) Wyłóż foremki do pieczenia papierem pergaminowym.
i) Przełożyć ciasto do rękawa cukierniczego wyposażonego w gładką rurkę o średnicy ½ cala.
j) Wylewaj ciasto na blachy wyłożone papierem pergaminowym, tworząc 1-calowe kopczyki, pozostawiając trochę odstępu pomiędzy każdym kopczykiem.
k) Piecz ciasteczka w nagrzanym piekarniku przez około 12 do 15 minut lub do momentu, aż nabiorą złotobrązowego koloru i stwardnieją.
l) Wyjmij ciasteczka z piekarnika i pozwól im ostygnąć bezpośrednio na pergaminie.
m) Ciesz się pysznymi, domowymi waflami migdałowymi!

97.Czekoladowe Wafle Waflowe

Na: 12 porcji

SKŁADNIKI:
- ½ szklanki granulowanego cukru
- Skórka z jednej pomarańczy (opcjonalnie)
- 3 duże jajka, ubite
- ½ szklanki zimnej wody
- ½ szklanki (1 kostka) niesolonego masła, roztopionego i doprowadzonego do temperatury pokojowej
- ½ łyżeczki ekstraktu waniliowego
- ¾ szklanki przesianej mąki uniwersalnej
- ¼ szklanki holenderskiego kakao w proszku

INSTRUKCJE:
a) Rozpocznij od podgrzania mini gofrownicy i przygotuj składniki.
b) Opcjonalnie, w małej misce, palcami wymieszaj skórkę pomarańczową z granulowanym cukrem, aby uwolnić smak.
c) W misie miksera stacjonarnego (lub misce miksera ręcznego) ubijaj jajka z cukrem, aż masa stanie się jasna i puszysta.
d) Do mieszanki cukru z jajami dodaj zimną wodę, ostudzone roztopione masło i ekstrakt waniliowy.
e) W osobnej misce wymieszaj przesianą mąkę uniwersalną i kakao holenderskie, uważając, aby nie pozostały grudki.
f) Stopniowo dodawaj suchą mieszankę do mokrej mieszanki w mikserze stojącym, miksując na niskich obrotach, aż ciasto stanie się gładkie, a kolor czekolady będzie równomierny w całym materiale.
g) Na rozgrzaną i natłuszczoną maszynę do gofrów nałóż około 1 łyżkę ciasta na każde ciasteczko, a następnie zamknij górę.
h) Gotuj według wskazówek producenta, co zwykle zajmuje około 30-60 sekund.
i) Ostrożnie unieś wafle widelcem lub silikonową szpatułką i przełóż je na drucianą kratkę, aby ostygły.
j) Przechowuj wafle czekoladowe w puszce, pozostawiając je niezupełnie szczelne, aby umożliwić dostęp powietrza, ponieważ jest ono potrzebne do utrzymania chrupkości.

98. Dziennik wafla czekoladowego

Robi: około 6

SKŁADNIKI:
WAFLE:
- 1 Mąkę o wszechstronnym przeznaczeniu
- ½ szklanki niesłodzonego kakao w proszku
- ¾ szklanki granulowanego cukru
- ¼ łyżeczki soli
- ½ szklanki niesolonego masła, zmiękczonego
- 1 ½ łyżeczki ekstraktu waniliowego
- 2 łyżki pełnego mleka

POŻYWNY:
- 1 litr śmietany do ubijania
- 2-3 łyżki irlandzkiego kremu Bailey's

GARNIRUNEK:
- ⅓ szklanki pokrojonych migdałów
- Czekolada do golenia

INSTRUKCJE:
WAFLE:

a) W średniej wielkości misce przesiej mąkę uniwersalną i niesłodzone kakao w proszku.

b) Do przesianych suchych składników dodać granulowany cukier i sól. Mieszaj je razem, aż dobrze się połączą.

c) Do suchej mieszanki dodać zmiękczone, niesolone masło i ekstrakt waniliowy. Użyj miksera ręcznego lub miksera stojącego, aby wymieszać składniki, aż mieszanina będzie przypominać drobne okruszki.

d) Stopniowo dodawaj do masy całe mleko, cały czas miksując. Mieszaj, aż ciasto połączy się w gładką, gęstą i lekko lepką konsystencję.

e) Ciasto podzielić na dwie równe części. Z każdej części uformuj wałek o średnicy około 1 ½ cala.

f) Owiń każdy wałek ciasta w folię lub papier pergaminowy i przechowuj w lodówce przez co najmniej 1 godzinę lub do momentu, aż ciasto stanie się twarde.

g) Rozgrzej piekarnik do 175°C i wyłóż blachę do pieczenia papierem pergaminowym.

h) Pokrój schłodzone polana ciasta w cienkie krążki o grubości około ⅛ do ¼ cala. Ułóż krążki na przygotowanej blasze do pieczenia, pozostawiając między nimi niewielką przestrzeń.

i) Piec w nagrzanym piekarniku przez około 10-12 minut lub do momentu, aż ciasteczka będą twarde w dotyku.

j) Wyjmij ciasteczka z piekarnika i pozwól im ostygnąć na metalowej kratce. Gdy ostygną, staną się chrupiące.

POŻYWNY:

k) W mikserze połącz śmietankę ubijaną z kremem irlandzkim Bailey's. Ubijaj, aż mieszanina stanie się sztywna.

l) Na talerzu rozsmaruj niewielką ilość bitej śmietany, tworząc podstawę, na której ułożą się wafle.

m) Weź jeden wafelek i posmaruj z jednej strony warstwą bitej śmietany. Na kremie ułóż kolejny wafelek, a następnie ułóż kolejną warstwę kremu. Kontynuuj ten proces, układając wafle i dodając między nimi śmietanę, aż do wykorzystania wszystkich wafli.

n) Połóż stos wafli na boku na talerzu do serwowania.

o) Pokryj cały stos wafli pozostałą bitą śmietaną, upewniając się, że jest całkowicie pokryta.

p) Luźno przykryj kłodę folią i wstaw do lodówki na noc.

q) Wyjmij bułkę z lodówki i posyp pokrojonymi w plasterki migdałami i startą czekoladą.

r) Kłodę przeciąć po przekątnej, aby odsłonić warstwy wafli i kremu.

99. Wafle czekoladowo-miętowe z posypką

Na: 44 wafle

SKŁADNIKI:
- 1 Mąkę o wszechstronnym przeznaczeniu
- ½ szklanki niesłodzonego kakao w proszku
- ¼ łyżeczki proszku do pieczenia
- ¼ łyżeczki soli i dodatkowo ⅛ łyżeczki
- 6 łyżek (¾ kostki) niesolonego masła o temperaturze pokojowej
- ½ szklanki) cukru
- 1 duże jajko
- ½ łyżeczki czystego ekstraktu waniliowego
- 12 uncji posiekanej półsłodkiej lub gorzkiej czekolady
- ¼ łyżeczki czystego ekstraktu z mięty pieprzowej
- Posypka (opcjonalnie, do dekoracji)

INSTRUKCJE:
a) Rozgrzej piekarnik do 350 stopni.
b) W średniej wielkości misce wymieszaj mąkę uniwersalną, kakao w proszku, proszek do pieczenia i ¼ łyżeczki soli. Odłóż tę suchą mieszaninę na bok do późniejszego użycia.
c) Używając miksera elektrycznego, utrzyj niesolone masło i cukier, aż mieszanina stanie się jasna i puszysta. Następnie dodaj jajko i czysty ekstrakt waniliowy.
d) Mikser pracujący na niskich obrotach stopniowo dodawaj mieszankę suchej mąki do mokrych składników. Mieszać tylko do momentu połączenia składników.
e) Uformuj małe kulki ciasta, każda o wielkości odpowiadającej 1 łyżeczce do herbaty, i umieść je na dwóch blachach do pieczenia, pozostawiając między nimi około 2 cali odstępu.
f) Zanurz dno szklanki w wodzie i delikatnie dociśnij kulki ciasta, aby spłaszczyć je w krążki o średnicy około 1 ½ cala i grubości ¼ cala.
g) Piecz ciasteczka w nagrzanym piekarniku, aż będą lekko twarde w dotyku, co powinno zająć około 8 do 10 minut. W połowie pieczenia pamiętaj o obróceniu blach do pieczenia. Po upieczeniu natychmiast przenieś ciasteczka na metalową kratkę, aby całkowicie ostygły.
h) Aby przygotować polewę czekoladową, umieść posiekaną czekoladę, ekstrakt z mięty pieprzowej i pozostałą ⅛ łyżeczki soli w dużej żaroodpornej misce ustawionej nad rondelkiem z gotującą się wodą

(uważaj, aby miska nie dotykała wody). Podgrzewaj tę mieszaninę, mieszając od czasu do czasu, aż stanie się gładka, co powinno zająć około 2 do 3 minut. Zdejmij miskę z ognia, gdy będzie gładka.

i) Blachę do pieczenia wyłóż pergaminem lub woskowanym papierem. Weź każde ciasteczko i połóż je na zębach widelca. Zanurz ciasteczko w roztopionej czekoladzie, uderzając spód widelca o bok miski, aby usunąć nadmiar czekolady. Obtoczone ciasteczka układamy na przygotowanej blaszce i według uznania dekorujemy posypką.

j) Przechowuj ciasteczka w lodówce, aż powłoka czekoladowa stwardnieje, co zwykle zajmuje około 30 minut. Trzymaj je schłodzone, aż będziesz gotowy do podania.

k) Ciesz się pysznymi czekoladowo-miętowymi waflami z posypką!

100. Czekoladowe Wafle Orzechowe

Na: około 15 plasterków
SKŁADNIKI:
OPŁATEK:
- 1 Mąkę o wszechstronnym przeznaczeniu
- ½ szklanki skrobi kukurydzianej
- ¼ szklanki kakao w proszku
- ½ szklanki granulowanego cukru
- ¼ łyżeczki soli
- 3 duże jajka
- 1 ¼ szklanki pełnego mleka
- 2 łyżki roztopionego, niesolonego masła
- 1 łyżeczka ekstraktu waniliowego

POŻYWNY:
- 3 tabliczki ciemnej czekolady nugatowej
- 200 g kremu orzechowego (do pieczenia)
- 1 łyżka deserowa pasty z orzechów laskowych
- 200 g posiekanych orzechów laskowych

INSTRUKCJE:
OPŁATEK:
a) W średniej wielkości misce wymieszaj mąkę uniwersalną, skrobię kukurydzianą, kakao w proszku, cukier granulowany i sól, aż dobrze się połączą.
b) W drugiej misce ubij jajka, następnie dodaj pełne mleko, roztopione masło i ekstrakt waniliowy. Mieszaj, aż dobrze się połączą.
c) Stopniowo dodawaj mokrą mieszankę do suchej, ciągle mieszając, aż powstanie gładkie ciasto. Upewnij się, że nie ma grudek.
d) Rozgrzej gofrownicę zgodnie z instrukcją producenta. Upewnij się, że jest dobrze natłuszczony.
e) Na środek gofrownicy wylewamy porcję ciasta, rozprowadzając równomiernie po całej powierzchni.
f) Zamknij gofrownicę i smaż arkusz waflowy, aż będzie chrupiący i lekko rumiany. Czas gotowania może się różnić w zależności od gofrownicy, ale zazwyczaj trwa od 2 do 4 minut. Dostosuj ilość ciasta i czas gotowania, aby uzyskać pożądaną grubość i chrupkość.
g) Ostrożnie wyjmij arkusz wafla z gofrownicy i połóż go na drucianej kratce, aby ostygł. Po ostygnięciu stanie się jeszcze bardziej chrupiący.
POŻYWNY:

h) Rozpocznij od pocięcia arkuszy wafli na kwadraty o wymiarach około 6 x 6 cm.
i) Tabliczki czekolady Dark Nougat połam na małe kawałki.
j) Rozpuść czekoladę razem z masą czekoladową z orzechów laskowych w misce ustawionej nad garnkiem z wrzącą wodą. Upewnij się, że woda nie dotyka dna miski.
k) Stopniowo dodawaj posiekane orzechy laskowe i pastę z orzechów laskowych do roztopionej mieszanki czekolady i kremu z orzechów laskowych.
l) Mieszaj ciągle, aż uzyskasz konsystencję gęstej pasty.
m) Nabierz łyżkę mieszanki orzechów laskowych i czekolady (około 1 czubata łyżka deserowa) i połóż ją na każdym kwadracie waflowym.
n) Na każdym z nich ułóż kolejny kwadrat waflowy i delikatnie dociśnij je do siebie, aby masa równomiernie się rozłożyła.
o) Aby uzyskać schludniejsze krawędzie, można użyć małej foremki o odpowiedniej wielkości do uformowania wafli.
p) Pozostawić wafle orzechowe do ostygnięcia i zastygnięcia. Gdy stwardnieją, możesz cieszyć się tymi wspaniałymi smakołykami!

WNIOSEK

Kończąc naszą eksplorację „Sztuki krakersów i wafli", mamy nadzieję, że nie tylko nauczyłeś się rzemiosła tworzenia tych chrupiących przysmaków, ale także odkryłeś radość z przygotowywania własnych przekąsek od podstaw. Świat krakersów i wafli to świadectwo piękna prostoty i nieskończonych możliwości kombinacji smakowych.

Zachęcamy Cię do dalszego doskonalenia umiejętności tworzenia krakersów, eksperymentowania z różnymi przyprawami, dodatkami i kształtami. Niezależnie od tego, czy pieczesz je dla własnej przyjemności, czy też chcesz podzielić się nimi z przyjaciółmi i rodziną, domowe krakersy i wafle sprawią, że przekąska stanie się wyjątkową okazją.

Dziękujemy, że mogliśmy być częścią Waszej kulinarnej przygody. W miarę doskonalenia rzemiosła wytwarzania krakersów i wafli, niech Twoja kuchnia wypełni się kuszącymi aromatami i obietnicą niekończących się chrupiących przysmaków. Miłych przekąsek i wielu innych kreatywnych i pysznych kreacji z krakersów!

www.ingramcontent.com/pod-product-compliance
Lightning Source LLC
LaVergne TN
LVHW021655060526
838200LV00050B/2371